"*El Millonario Automático* es un triunfo automático. David Bach realmente se preocupa por uno: en cada página puedes oír cómo te anima a que aprendas a manejar tu bienestar financiero. No importa lo que seas ni lo que ganes, tú puedes beneficiarte de este programa fácil de aplicar. Hazlo ahora. ¡Tú y tus seres queridos se merecen un montón de dinero!"

—Ken Blanchard, coautor de *The One Minute Manager*®

"*El Millonario Automático* te da, paso a paso, todo lo que necesitas para asegurar tu futuro financiero. Cuando lo haces al estilo de David Bach, es imposible fracasar".

—Jean Chatzky, Editora Financiera del programa *Today* en NBC

"La belleza de la orientación financiera directa y sin rodeos de David Bach reside en lo sencilla que es. Si para ti es importante ser autosuficiente, entonces este libro te resultará indispensable".

—Bill O'Reilly, presentador de *Fox News* y autor de *The O'Reilly Factor* y *The No Spin Zone*

"¡Por fin un libro que te ayuda a dejar de sudar cuando se trata de tu dinero! *El Millonario Automático* es una lectura rápida y sencilla que te pone en acción. David Bach es un entrenador financiero confiable que te motivará financieramente año tras año".

—Richard Carlson, autor de *Don't Sweat the Small Stuff*

"*El Millonario Automático* prueba que no hay que ganar mucho dinero ni tener un plan financiero complicado para comenzar. Tú puedes empezar a encaminarte hacia tu sueño financiero prácticamente hoy mismo, en cuestión de horas, con sólo un secreto que cambiará tu vida: ¡págate a ti primero y hazlo automáticamente! No menos importante es que este libro te muestra cómo simplificar y automatizar toda tu vida fi[...]

[...]ciero [...]000s

"*El Millonario Automático* es, para decirlo sencillamente… ¡un gran librito! Puedes leerlo en cuestión de horas e inmediatamente poner en acción un plan poderoso, simple y totalmente AUTOMÁTICO para hacerte millonario".

—Robert G. Allen, coautor de *El Millonario Instantáneo*

"David Bach hace que entender tus finanzas sea algo fácil, divertido y emocionante. *El Millonario Automático* es una guía práctica e inteligente para que domines tu relación con el dinero".

—Barbara De Angelis, Ph. D.,
autora de *What Women Want Men to Know*

"Más personas se convertirán en millonarias en los años venideros que en todos los años anteriores de la historia de la humanidad. Nunca como en el presente ha habido más posibilidades para que salgas de tus deudas, logres la independencia financiera y construyas una fortaleza financiera a tu alrededor. Este dinámico libro de David Bach te ofrece las estrategias y técnicas prácticas que necesitas para tomar el control completo de tu vida financiera y convertirte en el millonario que quieres ser".

—Brian Tracy, autor de *Goals!*

"David Bach te revela el secreto de terminar siendo rico y es tan simple que cualquiera puede hacerlo. Lee este libro, sigue sus consejos, y tu vida cambiará".

—Candace Bahr y Ginita Wall, cofundadoras del Instituto Femenino de Educación Financiera (WIFE.org)

"Págate a ti primero. Son ideas tan simples como ésta las que pueden tener un impacto decisivo en tu futuro financiero. Ignora el nuevo libro de David Bach a tu propio riesgo".

—Al Ries, autor de *Focus, the Future of Your Company Depends on It*

DAVID BACH

EL MILLONARIO AUTOMÁTICO
DUEÑO DE CASA

David Bach es el autor de los bestsellers nacionales, *El Millonario Automático, Las mujeres inteligentes acaban ricas, Smart Couples Finish Rich, The Finish Rich Workbook* y *1001 Financial Words You Need to Know,* y es presentador de su propio programa especial por la cadena PBS, "Smart Women Finish Rich". Los seminarios FinishRich (AcabaRico) de Bach, que son ahora los principales seminarios financieros en Norteamérica, han sido enseñados en más de 1.700 ciudades por miles de asesores financieros. David Bach es Money Coach (Entrenador de Dinero) de America Online (Palabra clave en AOL: David Bach) y presentador de su propio programa de radio, el cual se transmite en toda la nación, "Live Rich with David Bach" (Vive rico con David Bach). Para leer selecciones de cualquiera de los libros de David Bach, por favor visita su sitio web en **www.finishrich.com**.

Otros libros por David Bach

En español

El Millonario Automático®
Finanzas familiares: Cómo conseguir seguridad financiera y alcanzar
   sus sueños
Las mujeres inteligentes acaban ricas®

En inglés

Start Late, Finish Rich
The Automatic Millionaire®
The Automatic Millionaire Workbook
The Finish Rich Workbook
Smart Couples Finish Rich®
Smart Women Finish Rich®
1001 Financial Words You Need to Know

EL MILLONARIO AUTOMÁTICO DUEÑO DE CASA™

EL MILLONARIO

AUTOMÁTICO

DUEÑO

DE CASA™

*Cómo acabar rico al comprar
la casa de tus sueños*

DAVID BACH

Vintage Español
Una división de Random House, Inc.
Nueva York

PRIMERA EDICIÓN VINTAGE ESPAÑOL, FEBRERO 2007

Copyright de la traducción © 2007 por Vintage Books,
una división de Random House, Inc.

Todos los derechos reservados. Editado en los Estados Unidos de América por Vintage Español, una división de Random House, Inc., Nueva York y en Canadá por Random House of Canada Limited, Toronto. Originalmente publicado en inglés en los Estados Unidos como *The Automatic Millionaire Homeowner* por Broadway Books, una división de Random House, Inc., Nueva York, en 2006. Copyright © 2006 por David Bach.

Vintage es una marca registrada y Vintage Español y su colofón
son marcas de Random House, Inc.

The Automatic Millionaire, The Latte Factor, DOLP, Smart Women Finish Rich y Smart Couples Finish Rich son marcas registradas de FinishRich, Inc.

Traducción de Omar Amador

Biblioteca del Congreso de los Estados Unidos
Información de catalogación de publicaciones TK

Bach, David.
[Automatic millionaire homeowner. Spanish]
El millionario automático dueño de casa : cómo acabar rico al comprar la casa de sus sueños / by David Bach.—1st ed.
p.   cm.
ISBN-13: 978-0-307-27889-0
1. Home ownership—United States.   2. Financial security—United States.   I. Title.
HD7287.82U6 B3318 2007
332.024'01—dc22
2006028644

Este libro está diseñado para brindar información certera y autorizada sobre el tema de las finanzas personales. Si bien todas las historias y anécdotas descritas en este libro están basadas en experiencias reales, la mayoría de los nombres son seudónimos, y algunas situaciones han sido ligeramente alteradas con propósitos educativos y para proteger la privacidad de cada persona. Se vende bajo el acuerdo de que ni el Autor ni la Editorial tienen el compromiso de ofrecer servicios legales, o de contabilidad, ni otros servicios profesionales al publicar este libro. Como la situación de cada persona es única, las preguntas referentes a finanzas personales y específicas a esa persona deben dirigirse a un profesional adecuado para asegurar que la situación ha sido evaluada cuidadosa y apropiadamente. El Autor y la Editorial niegan específicamente responsabilidad legal por cualquier pérdida o riesgo que se incurra como consecuencia, directa o indirectamente, del uso y la aplicación de cualesquiera de los contenidos de esta obra.

www.grupodelectura.com

Impreso en los Estados Unidos de América
10 9 8 7 6 5 4 3 2 1

Para los millones de lectores de los libros de la serie FinishRich (AcabaRico) y *El Millonario Automático:* Gracias por sus comentarios, su estímulo, sus cartas y mensajes electrónicos, y sus historias de éxito. Ustedes me inspiran a mí y a nuestro equipo de FinishRich Media a hacer lo que hacemos.

ÍNDICE

EL MILLONARIO AUTOMÁTICO
DUEÑO DE CASA™

INTRODUCCIÓN

¿Qué harías si te dijera que la mejor inversión que harás en tu vida será la compra de una casa?

¿Qué harías si te dijera que la manera en que compres tus propiedades a lo largo de tu vida decidirá si te haces rico o no?

¿Qué harías si te dijera que en sólo una hora o dos podría enseñarte un sistema sencillo que te ayudará a hacerte rico por ser dueño de una casa?

¿Qué harías si te dijera que este sistema se llama el Millonario Automático Dueño de Casa y que si pasaras una hora o dos conmigo, podrías aprender cómo convertirte en uno de ellos?

¿Te interesaría? ¿Estarías dispuesto a pasar una cuantas horas conmigo? ¿Te gustaría convertirte en un Millonario Automático Dueño de Casa?

—David Bach

Si las líneas previas llamaron tu atención, entonces te ruego que sigas leyendo. Quédate donde estás durante unos minutos y lee unas cuantas páginas más. Seas inquilino o dueño de tu hogar, este libro puede transformar tu vida. Es un plan poderosamente sencillo —una estrategia para crear riqueza a lo largo de tu vida, que funciona en cualquier mercado ya que está basada en una sabiduría verdadera que ha sido puesta a prueba por el tiempo.

¡REGRESA EL SUEÑO AMERICANO!

A lo largo de los últimos años, hubo un cambio radical en la forma en que los estadounidenses piensan acerca del dinero y las inversiones —algo tan radical que puede haber cambiado para siempre la manera en que vivimos nuestras vidas y planeamos nuestro futuro. Lo que sucedió es que una gran cantidad de personas se hartaron del mercado de acciones.

La razón de este cambio es simple. Entre marzo de 2000 y el verano de 2002, el mercado de acciones de Estados Unidos hizo implosión, y las pérdidas llegaron a la exorbitante cantidad de $6,9 billones. Cuando menos, fue una debacle atroz. Y sus efectos se sintieron durante años. A mediados de 2005, el NASDAQ Composite Index, que sigue la trayectoria de las acciones de alta tecnología, aún estaba a más del 40 por ciento por debajo de donde había estado en 2000, mientras que el Dow Jones Industrial Average de las compañías de primer orden se mantuvo más de 10 por ciento por debajo.

Para muchas familias —quizás la tuya fue una de ellas— esta "corrección" del mercado (que es como la llaman los expertos) fue la proverbial gota que llena el cántaro. Los estadounidenses, sencillamente, decidieron que aquello ya era demasiado. Empezaron a salirse del mercado de acciones y se fueron a casa —literal y figurativamente.

En vez de mantener su dinero invertido en acciones, muchos estadounidenses empezaron a invertir en bienes raíces —sobre todo en la compra de sus propios hogares, en mejoras a sus casas y en la compra de segundas propiedades para alquilar. Este cambio sencillo ha llevado a un auge, o "boom," de las propiedades inmobiliarias y a un aumento del número de personas que son propietarias de sus propios hogares, como nunca antes se había visto. Es una excelente época para crear riqueza en Estados Unidos, pero también es una época aterradora debido a que los estadounidenses tienen ahora una gran parte de su riqueza comprometida en sus hogares —según señaló la Reserva Federal en 2005, alrededor de $10 billones en valor acumulado (o *equity*), lo que es alrededor de la misma cantidad que hay en acciones. Y muchas personas se preguntan —tal vez tú seas una de ellas— si es éste un lugar lo suficientemente seguro.

CADA DÍA MÁS HISPANOS ESTÁN LOGRANDO EL SUEÑO AMERICANO

El llamado Sueño Americano, esa frase que resume el anhelo que tienen todas las familias de ser dueñas de su propia casa, es realmente un sueño para todos los que se proponen realizarlo, sin importar de dónde vengas ni cuándo llegaste a este país de inmigrantes.

Me alegra que me hayas escogido para guiarte en ese camino con este libro. En él, te voy a presentar personas como tú que se han convertido en Millonarios Automáticos Dueños de Casa. Son gente común, trabajadora, que mediante unos cuantos pasos sencillos ha incrementado enormemente su riqueza gracias a la propiedad de bienes raíces.

En este momento, mientras lees este libro recién publicado en español, por primera vez los hispanos están demostrando un poder sin precedente en el mercado de bienes raíces. Gracias al creciente poder adquisitivo de los latinos, y su proyección como el grupo de compradores de casa que experimentará el mayor crecimiento en la próxima década, los agentes de bienes raíces y las compañías hipotecarias ven a los latinos como la nueva frontera de consumidores que deben servir. Y la prueba de que esto ya está sucediendo es que apellidos hispanos como Rodríguez, García o Hernández se encuentran entre los diez más populares en las listas de compradores de casa en el país, como lo han revelado estudios publicados en diarios como el *USA Today*.

Olvídate de esos mitos que quizás te hicieron pensar que no podías comprar casa en Estados Unidos. Puedes haber escuchado que necesitas mucho dinero para comprar una casa, pero en este libro te voy a mostrar cómo hacerlo sin que tengas necesidad de poseer grandes ahorros. También es común escuchar que si no eres ciudadano estadounidense, o no tienes un número del Seguro Social, no puedes comprar casa, pero la realidad es que en Estados Unidos incluso personas extranjeras que no residen en el país pueden comprar bienes raíces. Sobre esto también encontrarás más información en este libro.

Una de las situaciones que coloca a muchos hispanos en cierta desventaja para entrar en el mundo del crédito es que casi la mitad de ellos no tiene cuenta bancaria, tal como indica un estudio realizado por la Corporación Federal de Seguros de Depósito (o el FDIC, por sus siglas en inglés). Si ése es tu caso, te insisto a que vayas mañana mismo a abrir una cuenta de banco. ¿Por qué? Sencillamente, porque tener una cuenta bancaria te permite entrar en el mundo financiero y comenzar a crear tu propio historial de crédito. Una vez que estás dentro del sistema te será más fácil obtener tarjetas de crédito y otros tipos de préstamos. En este libro descubrirás también que el simple hecho de tener una cuenta bancaria y poder hacer pagos automáticos es una de las claves para convertirte en un Millonario Automático Dueño de Casa.

Así que aprovecha que el mercado está listo para recibirte como comprador de casa, olvídate de los mitos que sólo te alejan de tu sueño y pongamos manos a la obra para que entres en el mundo de los Millonarios Automáticos Dueños de Casa.

LOS PROPIETARIOS INTELIGENTES ACABAN RICOS —¿Y TÚ?

Entre 2001 y 2005 el propietario de casa típico vio cómo el valor de su casa o apartamento aumentaba de un salto en más de un 50 por ciento. Muchos propietarios duplicaron, triplicaron y en algunos casos hasta cuadruplicaron su fortuna en tan sólo cinco años gracias a la explosión del valor de los bienes raíces. A medida que los precios se disparaban, los expertos comenzaron a advertir que el mercado de bienes raíces estaba comenzando a lucir como el desorbitado mercado de la tecnología de finales de los años noventa. A pesar de eso, mientras escribo esto continúa la avalancha de personas que buscan fortuna en el mercado de bienes raíces.

Según la Asociación Nacional de Agentes de Bienes Raíces, el precio medio de una casa en los Estados Unidos llegó a los $220.000 en agosto de 2005 —un aumento de más de un 55 por ciento en menos de cinco años. Y eso fue sólo el precio medio. En muchos mercados, como San Francisco, Las Vegas, Miami, San Diego y Nueva York, los precios de las casas se dispararon más de un 100 por ciento en el mismo período. Algunas personas pudieron comprar una casa, vivir en ella durante cinco años, luego venderla y jubilarse.

Imagínate eso. Comprar una casa, vivir en ella, acumular riqueza, obtener fantásticas deducciones de impuestos —y luego retirarse rico. Tal vez suene demasiado bueno para ser cierto. Pero no lo es. Ha sucedido, y le seguirá sucediendo a millones de personas en las próximas décadas. La pregunta es, ¿te sucederá a ti? ¿Te montarás en esta ola, la dejarás pasar… o te caerá encima?

SEA UN MERCADO FAVORABLE O NO —PUEDES GANAR DINERO EN BIENES RAÍCES

Mientras escribo esto en agosto de 2005, no tengo la menor idea de cuándo lo leerás. Tal vez sea en marzo de 2007 (cuando este libro está proyectado de ser publicado en español) —y puede que en ese tiempo el mercado de bienes raíces esté avanzando más lentamente hasta reducirse a ganancias anuales de un solo dígito (o no). Quizás este libro lo haya comprado un amigo tuyo que te lo prestó o regaló —y ahora estamos en 2008 y en medio de una de esas caídas precipitosas producto de la especulación en mercados de boom explosivo que una vez fueron considerados "seguros". O tal vez haya sucedido lo contrario —las tasas de interés se han mantenido en niveles históricamente bajos y los precios de las casas han seguido su marcha ascendente.

De hecho, no importa en realidad cuándo leas esto ni qué esté sucediendo en este momento en los mercados. Este libro no se enfoca en el boom del mercado… ni en su caída. No se trata de calcular el momento justo para triunfar en el mercado de bienes raíces. No se trata de la fantasía de "hacerse rico de la noche a la mañana" con los bienes raíces.

Este libro consiste en decir la verdad. Y la verdad es ésta:

> *Nada que hagas en tu vida te hará ganar tanto dinero como comprar una casa y vivir en ella.*

De manera realista, la mejor inversión que harás en tu vida será tu hogar.

No te preocupes por acertar el momento preciso en el mercado de bienes raíces para comprar. Lo importante es el tiempo que lleves *en* el mercado.

LOS PROPIETARIOS SE HACEN RICOS Y LOS INQUILINOS SE QUEDAN POBRES

Lo primordial es esto: el Sueño Americano de crear ahorros por ser dueño de una casa no es una fantasía. Durante años, los dueños de casa se han hecho ricos gracias a sus propiedades de bienes raíces, y seguirán haciéndolo en el futuro. De hecho, mientras escribo esto, Estados Unidos cuenta con la cifra récord de 73,4 millones de propietarios de casas —más del 69 por ciento de las familias estadounidenses, según las estadísticas del gobierno. Y no es sólo la gente rica quien está comprando casas. Como nunca antes, más personas de menos de veinticinco años de edad están comprando propiedades, y por primera vez en la historia una mayoría de estadounidenses pertenecientes a minorías étnicas son propietarios de sus hogares.

Lo mismo ocurre en todo el mundo. Según la revista *The Economist,* el valor total de la propiedad residencial en los países desarrollados ha aumentado mucho en años recientes, de $40 trillones a $70 trilliones. Lo cierto es que jamás tantas personas en tantos países habían visto subir tanto el precio de las propiedades durante tanto tiempo.

Si ser propietario de una casa es tan beneficioso, ¿qué es lo que anda mal? La primera respuesta es el alquiler. Para los inquilinos, los hechos son francamente deprimentes.

Precio de la casa —sube, sube, sube
Precio medio de nuevos hogares vendidos

$226.933

$18.000

Cuatro décadas de crecimiento

La información para 2005 es hasta septiembre y es preliminar.
Fuente: Buró del Censo de EE.UU. (7 de octubre, 2005)

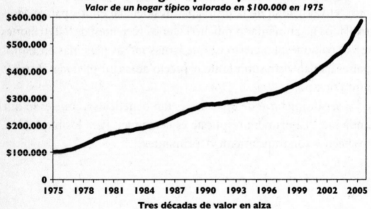

Valor de un hogar típico —¡sube muchísimo!
Valor de un hogar típico valorado en $100.000 en 1975

Tres décadas de valor en alza

La información para 2005 es hasta el segundo trimestre.
Fuente: Oficina Federal de Supervisión de Empresas de Vivienda (1 de septiembre, 2005)

SI QUIERES SER RICO, NO ALQUILES

Desde ahora te pido excusas si eres inquilino, porque sé que esto no es fácil de escuchar, pero tienes que oírlo si quieres cambiar. Así que aquí va.

Sencillamente, no vas a hacerte rico si pagas alquiler. Eso lo sabemos. Es una verdad eterna. De acuerdo a un informe reciente de la Reserva Federal, el típico inquilino de Estados Unidos está prácticamente en quiebra.

Ve a ver si te reconoces en estas cifras:

- En 2003 (el año más reciente en el que está disponible este tipo de información), el inquilino medio de Estados Unidos tenía menos de $5.000 en bienes, o valor neto.
- El propietario de casa medio tenía casi $172.000 en bienes.

La comparación es asombrosa. **El propietario típico es más de TREINTA Y CUATRO VECES MÁS RICO que el inquilino típico.**

¿Lo quieres más claro?

La cuestión es que si actualmente pagas alquiler por tu casa, es hora de que dejes de hacerlo. No es que haya nada de malo con quienes alquilan. Los inquilinos no son malas personas. De hecho, la meta que quiero para ti es que algún día llegues a ser propietario de casas o condominios que puedas alquilarle a otras personas. El problema es que si tú mismo eres inquilino, no quiero que sigas siéndolo por mucho más tiempo.

VAMOS A DAR UN VIAJE JUNTOS —Y VER LO FÁCIL QUE ESTO PUEDE SER

Éste es el octavo libro que escribo para la serie de FinishRich (Acaba-Rico); en el momento en que escribo esto, hay más de cuatro millones de ejemplares impresos de estos libros, y han sido traducidos a quince idiomas. Si éste es el primer libro de FinishRich que te ha caído en la manos, permíteme decirte "gracias" desde ahora por darme la oportunidad de servirte de guía y entrenador financiero. Si ya has leído otro de mis libros, déjame también darte las gracias con toda sinceridad por la confianza que has puesto en mí.

Escribir estos libros ha sido para mí una maravillosa experiencia. A diario, mi equipo y yo en FinishRich Media recibimos cartas y correos electrónicos de lectores que nos cuentan cómo han adoptado los mensajes y las lecciones que han leído en mis libros y los han usado para cambiar sus vidas para siempre.

¿POR QUÉ ESTE LIBRO AHORA?

En enero de 2004, publiqué un librito titulado *El Millonario Automático,* el cual ocupó de inmediato el número uno en la lista de bestsellers del *New York Times* y se convirtió en un libro de superventa a nivel mundial. Ese mes, también tuve la increíble oportunidad de llevar el sencillo mensaje de mi libro al programa de televisión de Oprah Winfrey. Nuestro objetivo en *Oprah* era enseñarles a millones de televidentes lo fácil que puede ser convertirse en Millonario Automático con sólo "pagarse a uno primero" y automatizar todos sus ahorros. No hace falta presupuesto, ni se necesita tener disciplina. Lo único que se requiere para lograr verdadera riqueza a lo largo de la vida es un programa simple que cualquier persona puede establecer en una hora.

Una sección de *El Millonario Automático* —y también una de mis presentaciones en *Oprah*— se concentra en los bienes raíces, y allí explica que después de "pagarte a ti primero", lo más importante que debes hacer para alcanzar riqueza es comprar una casa. Esto provocó que decenas de miles de lectores me hicieran la misma pregunta: "¿Pero cómo compro una casa?" Otros me escribieron: "Soy dueño de una propiedad, pero no me siento rico. ¿Cómo debo usar mi casa para convertirme en un millonario?"

Por eso fue que escribí este libro.

LA MISIÓN DE ESTE LIBRO ES AYUDARTE A USAR TU PROPIEDAD PARA CREAR VERDADERA RIQUEZA PARA TODA TU VIDA —¡AUTOMÁTICAMENTE!

Para muchos de nuestros padres y abuelos, los bienes raíces constituyen una protección. El valor acumulado en sus casas es la protección que los ayudará financieramente a lo largo de su jubilación.

Pero yo tengo un plan diferente —y mejor— para ti. *Los Millonarios Automáticos Dueños de Casa son proactivos.* Consideran sus casas no sólo como potenciales protecciones, sino también como medios para vivir y hacerse ricos. Ésa es la meta que quiero para ti.

Mi misión con este libro es mostrarte cómo ser dueño de una casa puede ser el eje de tu estrategia para crear riqueza, la clave para lograr la independencia financiera. Igual que *El Millonario Automático,* este libro está escrito de forma que se lea en unas cuantas horas. En ese tiempo, aprenderás todo lo que necesitas saber, de forma rápida y sencilla, para convertirte en un Millonario Automático Dueño de Casa.

Si todavía no eres dueño de tu propio hogar, te llevaré de la mano y te guiaré paso a paso a través del proceso de pasar de ser inquilino a propietario. Y cuando te hayas convertido en propietario —o si ya lo eres—, te enseñaré cómo usar tu propiedad para crear riqueza. Recuerda, cuando compras una casa haces más que adquirir un lugar para vivir. Estás creando una oportunidad para conseguir verdadera independencia financiera. Si lo haces correctamente, ser dueño de una casa puede ser el cimiento sobre el cual puedes construir verdadera riqueza —incluso si tu sueldo nunca ha sido más de lo normal. Los bienes raíces siempre han sido el arma fundamental que los estadounidenses han usado para crear riqueza —y no es demasiado tarde para que tú también puedas aprovecharte de eso.

Sobre todo, voy a decirte cómo hacer que tu experiencia de compra de una propiedad sea lo más "automática" posible. En especial, te mostraré cómo automatizar tus pagos de hipoteca para aumentar más rápidamente el valor acumulado de tu propiedad —lo que te permitirá aumentar el valor de todos tus bienes en general y te abrirá todo un mundo nuevo de posibilidades. A la larga, este truquito te permitirá salir de todas tus deudas antes de lo que pensabas —lo que podría ahorrarte más de $100.000 en pagos de interés hipotecario y hasta, posiblemente, ayudarte a jubilarte cinco o diez años antes de tiempo.

NUNCA ES DEMASIADO TARDE PARA SACARLE PROVECHO A LOS BIENES RAÍCES

"Pero, David, ¿estás seguro de que no es demasiado tarde?"

Durante mis viajes alrededor del mundo en los últimos años para presentarme en programas de radio y televisión, ofrecer seminarios y conferencias y firmar libros, he tenido el honor de conocer a decenas de miles de lectores. Y en cada evento, discurso o encuentro en el aeropuerto, me hacen las mismas preguntas: "David, ¿qué me dices del mercado de bienes raíces?" "¿Es demasiado tarde ya para mí?" "¿Puedo todavía comprar una casa?" "¿Qué tipo de hipoteca debería usar?" "¿Me conviene comprar otra propiedad?" "Mis amigos están invirtiendo en condominios en la Florida y luego los revenden a mayor precio. ¿Qué piensas de eso?" "El precio de mi casa se ha duplicado en los últimos cinco años. ¿Debería venderla y tomar las ganancias?"

De hecho, más de la mitad de las preguntas que me hacen actualmente tienen que ver con bienes raíces. Esto no es sorprendente si tenemos en cuenta el espectacular desempeño del mercado de bienes raíces a lo largo de los últimos años. Así y todo, todavía hay dudas.

¿*Es* demasiado tarde para aprovecharte del boom del mercado de bienes raíces? O, como sucedió en el mercado de acciones de finales de los años noventa, ¿estamos en medio de una burbuja que está punto de estallar?

Este libro tiene las respuestas a estas preguntas. Pero desde ahora te aseguro una cosa: no tienes porqué preocuparte de que la propiedad de casas sea tan sólo una moda pasajera. Y he aquí por qué:

MIENTRAS VIVAS, VAS A TENER QUE VIVIR EN ALGÚN SITIO

Lee eso de nuevo: "*Mientras vivas, vas a tener que vivir en algún sitio*".

Ésta es una de esas realidades de la vida que es tan obvia que ni siquiera la pensamos. Todo el mundo tiene que vivir en algún lugar, y todos los lugares donde vive la gente, tienen dueño. Pueden ser tus padres, tu casero o el gobierno —pero alguien es dueño de cada uno de los sitios donde tú y cada uno de tus vecinos ha vivido.

¿Por qué ese alguien no podrías ser tú?

CÓMO FUNCIONA ESTE LIBRO

Cada vez que el mercado de bienes raíces se dispara, las editoriales nos acribillan con lo que parecen miles de libros y grabaciones de audio sobre "cómo hacerte rico con los bienes raíces". Probablemente tú también has comprado algunos de estos libros o grabaciones. Yo lo he hecho. Algunos son verdaderamente inspiradores, pero sólo unos pocos te ofrecen un plan verdadero. Te dicen que debes ser dueño de algunas propiedades si quieres ser rico —pero no te dicen cómo hacerlo. Y muchos proponen proyectos poco realistas que requieren tanto esfuerzo que prácticamente tendrías que dejar tu empleo para ponerlos en práctica.

Si has leído cualquiera de mis otros libros de la serie Finish-Rich™, sabes que yo no hago eso. Quiero estimularte a actuar, pero también quiero que sepas y entiendas *exactamente* lo que tienes que hacer. Y te lo hago fácil —lo suficientemente sencillo como para que puedas actuar rápidamente.

Mis libros consisten en tomar acción —porque es la acción lo que a fin de cuentas cambiará tu vida.

Así que comencemos nuestro viaje.

Primeramente, vas a conocer al Millonario Automático Dueño de Casa "original". Durante mis años de asesor financiero, autor y orador, he conocido en persona a miles de Millonarios Automáticos Dueños de Casa. De hecho, he conocido a más personas que se han hecho ricas a través de los bienes raíces y por ser dueños de casas que por cualquier otro medio.

Últimamente, por supuesto, se ha hecho imposible evitar a la gente que le gusta alardear del dinero que ha ganado en el mercado de bienes raíces. En realidad, a menudo ése es el principal tema de conversación en los cócteles, y eso me preocupa. Las personas a quienes oyes alardear de que han comprado propiedades y las han revendido al poco tiempo por mayor precio, son las mismas que alardeaban de sus acciones en las punto-com (las compañías de Internet) a finales de los años noventa. Es probable que muchas de ellas deban demasiado dinero y tarde o temprano sus finanzas van a sufrir. Algunas perderán sus hogares cuando los bancos se apoderen de ellos y, lo que es peor, puede que hasta terminen en bancarrota.

Este libro no te enseña a ser como esas personas. De hecho, es todo lo contrario. Aquí hablamos de cómo evitar ser víctimas del rumor de que "va a producirse un boom del mercado de bienes raíces" y de tomar decisiones tontas. En resumen, en este libro hablamos de cómo convertirse en un Millonario Automático Dueño de Casa que crea verdadera riqueza gracias a que durante toda su vida ha sido dueño de casa.

Estos millonarios dueños de casa "típicos" están a tu alrededor, y no hay razón alguna por la que tú no puedas convertirte en uno de ellos. John y Lucy Martin, a quienes vas a conocer en el primer capítulo, constituyen una de esas historias de éxito. Los conocí hace unos diez años y a través de su ejemplo me di cuenta de cuán fácilmente ser dueño de casa puede hacer rico a cualquiera —si se tiene un plan para hacer que suceda.

La historia de la familia Martin no sólo me educó: me inspiró a tomar acción, a tratar de hacer lo mismo que ellos habían hecho. El resultado fue que en sólo diez años he aumentado el valor de mis bienes en más de $1 millón, tan sólo mediante la compra de casas.

Nada mal si consideramos que en toda mi vida sólo he comprado tres casas. Así que lee su historia y medita sobre ella. Este relato debe ampliar tu forma de pensar e inspirarte a convertirte en un Millonario Automático Dueño de Casa. En los diez capítulos que siguen al relato de la familia Martin, te daré instrucciones detalladas sobre cómo avanzar por el mismo camino de riqueza que ellos recorrieron, y te enseñaré a transformarte de inquilino en dueño de casa —y de dueño de casa en *Millonario Automático Dueño de Casa.*

NO TIENES QUE HACERLO SOLO

Desde afuera, el juego de los bienes raíces puede parecer complicado y competitivo, repleto de participantes que se esfuerzan por ganar. Debido a esto, muchas personas sencillamente se dan por vencidas en su empeño de convertirse en dueños de casa. O si lo logran, jamás dan el segundo paso y no compran una segunda casa o una propiedad para alquilar.

Mi meta con este libro es mostrarte cuán fácil puede ser encaminarte en este mundo aparentemente complicado. Te explicaré lo que realmente hacen todos esos participantes y te enseñaré a escoger aquellos que pueden ayudarte en tu camino hacia la meta de convertirte en un Millonario Automático Dueño de Casa. Traduciré la jerga que usan los profesionales de bienes raíces. Cuando hables su idioma —y sepas qué preguntas hacer— nada de esto te dará temor.

HOY DÍA, CASI TODO EL MUNDO PUEDE COMPRAR UNA CASA

Quizás pienses que si tu historial de crédito no es bueno, si tienes muchas deudas en tus tarjetas de crédito o si no tienes suficiente dinero en efectivo para **hacer un pago inicial,** no hay forma de que puedas comprar una casa. Si es así, te equivocas. En realidad, no vas a creer lo fácil que es para casi todo el mundo comprar una casa hoy día, sobre todo para quienes compran por primera vez.

Existen programas creados específicamente para ayudar a las personas que no tienen dinero para hacer un pago inicial. Hay bancos nacionales que te pueden prestar más del 100 por ciento del costo de una casa. Y hay instituciones que establecerán los préstamos de forma que tu pago hipotecario mensual sea igual que el alquiler que probablemente estás pagando en estos momentos.

Si algo de esto te parece confuso —o demasiado bueno para ser verdad—, *no te preocupes.*

Lo cierto es que la compra de una casa es más fácil y más sencilla de lo que piensa la mayoría de la gente. No sólo tanto el gobierno como los bancos quieren que te conviertas en dueño de casa, sino que también gracias al Internet puedes buscar un préstamo, encontrar un agente de bienes raíces e investigar cuáles propiedades están disponibles sin ni siquiera levantarte del sofá. Y en este libro, te mostraré cómo puedes hacerlo.

LA FILOSOFÍA EN LA QUE SE BASA EL MILLONARIO AUTOMÁTICO DUEÑO DE CASA

- No puedes enriquecerte si pagas alquiler.
- No necesitas un montón de dinero para hacer un pago inicial para una casa.
- No necesitas buen crédito para comprar una casa.
- Deberías comprar una casa inclusive si tienes deudas en tus tarjetas de crédito.
- Al adoptar lo que yo llamo el "Modo de Pensar del Millonario Automático", puedes acumular una fortuna sólo mediante la compra de unas cuantas propiedades a lo largo de tu vida.
- Los dueños de casa se hacen ricos; los dueños de casa que alquilan una de sus casas se hacen *realmente* ricos.

- *Por encima de todo, necesitas un "sistema automático" para mantener en orden tu plan de bienes raíces y garantizar que no fallarás.*

Para hacer las cosas aún más fáciles, este libro es el más interactivo de todos los que he escrito. Cada capítulo termina con un breve resumen que yo llamo Pasos de Acción del Millonario Automático Dueño de Casa. Estos pasos son tus ejercicios de "preparados, listos, a correr" —instrucciones detalladas que puedes usar para progresar rápidamente hacia tu sueño de ser dueño de tu propio hogar y de convertirte en un Millonario Automático Dueño de Casa.

Además, cada capítulo te ofrece un enlace con nuestro sitio web **www.finishrich.com,** del que puedes bajar —gratis— una serie de programas especiales de audio en inglés que contienen aún más información para ayudarte a convertirte en un Millonario Automático Dueño de Casa.

Así que comencemos ahora mismo. Veamos cómo John y Lucy se convirtieron en Millonarios Automáticos Dueños de Casa, y averigüemos cómo tú también puedes lograr lo mismo.

Creo que en cuestión de horas te sorprenderás de lo mucho que ha cambiado tu forma de pensar. Y a medida que cambia tu forma de pensar, comenzarás a ver —como miles de personas ya lo han hecho— que tú también puedes lograrlo.

¡GRATIS! PROGRAMA DEL MILLONARIO AUTOMÁTICO DUEÑO DE CASA

Cada libro que escribo contiene un regalo. Es mi manera de darte las gracias por permitirme convertirme en tu entrenador financiero. Este libro ofrece más que un regalo —viene con un programa completo de audio en inglés creado para seguir el libro de forma interactiva. Se llama EL PROGRAMA DEL MILLONARIO AUTOMÁTICO DUEÑO DE CASA, y encontrarás todo el programa en **www.finishrich.com/homeowner**.

La dirección electrónica lleva a una transmisión diferida o *podcast* que puedes escuchar mientras lees el capítulo, o más adelante, dependiendo de cuando te sea más conveniente. También en esta área del sitio web encontrarás herramientas especiales creadas para ayudarte a conseguir tu sueño de convertirte en un Millonario Automático Dueño de Casa. También podrás leer relatos de éxito de la vida real de personas como tú que ponen en práctica las ideas del Millonario Automático en sus vidas diarias.

En su totalidad, este programa tiene un costo de $295. Pero te sale gratis, ya que es mi regalo para ti —¡así que aprovéchalo y disfrútalo!

CAPÍTULO UNO

CONOCE AL MILLONARIO AUTOMÁTICO DUEÑO DE CASA

Nunca olvidaré cuando conocí a mi primer Millonario Automático Dueño de Casa. Yo tenía poco más de veinticinco años y, durante una de mis primeras giras de presentación de libros, me encontraba impartiendo una charla en San José, California.

Luego de un largo período, el mercado de bienes raíces de California había comenzado a despegar, y muchas de las personas que habían venido a verme me preguntaban si era un buen momento para comprar casa. Cuando estaba hablando sobre los beneficios de ser propietario de un hogar propio, le di la palabra a una joven llamada Karen, quien parecía especialmente entusiasmada.

—David —me preguntó—, ¿que cree usted de la idea de establecer una LLC para bienes raíces? Estoy tratando de decidir si debo colocar mis inversiones inmobiliarias en una LLC o en una corporación de Nevada.

Aclaremos que una LLC (de las siglas en inglés *Limited Liability Corporation*) es una Corporación de Responsabilidad Legal Limitada. No te preocupes si no sabes lo que es. Tampoco Karen lo sabía cuando hizo la pregunta.

Le contesté que no había una respuesta sencilla para su pregunta.

—Todo depende —dije—. ¿Qué tipo de bienes raíces posees?

Karen se ruborizó ligeramente y respondió:

—En realidad, todavía no tengo propiedades, pero acabo de leer un libro sobre bienes raíces que dice que debería poner mis propiedades inmobiliarias en una LLC o en una corporación de Nevada, ya que así mis bienes estarían protegidos de demandas legales sin mérito. —Se encogió de hombros con un gesto de impotencia—. Todo suena tan complicado. No sé por dónde comenzar.

—Bueno, déjame preguntarte algo más —le dije—. ¿Tienes muchos bienes en este momento?

Karen sacudió la cabeza con gesto negativo.

—Realmente, no.

Le sonreí.

—Acabas de leer un libro sobre bienes raíces —dije—. ¿Por qué? ¿Lo que te importa es ser propietaria de bienes inmobiliarios, o la independencia financiera que puedes obtener de ello?

—La independencia financiera —contestó Karen con firmeza—. Quiero salir de mis deudas, dejar de pagar alquiler y, por fin, salir adelante. Estoy cansada de vivir de cheque a cheque.

—Maravilloso. Te felicito por saber lo que quieres y por tomar la decisión para alcanzarlo. Ya has realizado la parte más difícil, algo que la mayoría de la gente nunca hace. Ahora, ¿qué te parece si nos concentramos en esto paso a paso? En lugar de preocuparte de si necesitas o no la complicada estructura de una LLC para proteger tus bienes, veamos cómo podrías pasar de ser inquilina a ser dueña de tu propia casa. Ése es realmente el primer paso que hay que dar para acumular bienes.

Karen asintió con entusiasmo.

—Lo sé —dijo—. Mis padres me dijeron que debería concentrarme en tratar de comprar una casa. El libro que leí decía que debía examinar las ejecuciones hipotecarias (*foreclosures,* en inglés) y comprar bienes raíces sin hacer un pago inicial. Pero no me explicaba realmente cómo hacerlo. Sólo decía que eso es lo que hacen siempre los ricos.

APRENDE DEL MUNDO
REAL Y DE GENTE REAL

Yo sabía de qué libro hablaba Karen. En esa época era muy popular y yo también lo había leído. Contenía algunas ideas e información valiosa, así que no quise atacarlo. En vez de eso, miré al público y pregunté:

—¿Cuántos de ustedes han visto en la televisión uno de esos infomerciales sobre bienes raíces en los que hablan de comprar sin hacer un pago inicial?

En el salón había más de cien personas, y casi todas alzaron la mano.

—Perfecto. Ahora, ¿cuántos de ustedes han comprado una propiedad sin pago inicial?

Del grupo de cien que había ahí, sólo dos alzaron la mano.

—Muy bien, entonces ahora sabemos que no es imposible comprar bienes raíces sin un pago inicial. Pero también sabemos que no es muy común, ni tampoco suele ser fácil. Ahora, ¿cuántos aquí poseen propiedades y las tienen colocadas en una LLC o una corporación de Nevada?

Nadie alzó la mano.

—Qué interesante —dije—. He aquí otra pregunta para ustedes: ¿cuántos de ustedes son dueños de casas o unidades de condominios?

Alrededor de la mitad de los asistentes alzaron la mano.

—Aquéllos que tienen una casa o un condominio, mantengan la mano alzada si eso ha sido la mejor inversión que han hecho en sus vidas.

Casi nadie bajó la mano.

—Bien, mantengan la mano arriba y permítanme hacerle una pregunta al resto del público que no es dueño de casa. ¿A cuántos de ustedes sus padres o abuelos les han dicho que su casa es la mejor inversión que han hecho en sus vidas?

Ahora se alzaron casi TODAS las manos en el salón.

—¿No creen que resulta interesante? —les dije—. Lo que acabamos de hacer fue llevar a cabo en la vida real una prueba con gente real acerca de lo que parece que funciona en el mundo real. ¿Y saben qué aprendimos? Hemos aprendido que en el mundo de los bienes raíces se hace demasiado alarde publicitario. "Compra una sin pago inicial". "Protege tus bienes con una LLC". No es que eso sea imposible de lograr. Pero no es en eso en lo que te debes concentrar.

—Lo que hemos visto —continué—, es que existe una cosa que se hace continuamente y que funciona con una regularidad maravillosa: y ésa es comprar una propiedad y ser dueño de ella durante un tiempo.

Me volví hacia Karen, quien sonrió y se rió.

—Está bien, ya entiendo —dijo—. ¡Deja de alquilar y compra una propiedad! Parece muy lógico. Pero si usted pudiera ayudarme con el pago inicial, no tengo problema.

El público se soltó una risotada.

—Tengo una idea todavía mejor —dije, mientras me reía con ellos—. ¿Qué te parece si te enseño a ahorrar el dinero que necesitarás para el pago inicial y a obtener el financiamiento que vas a necesitar del banco? La realidad es que hay muchos programas especiales de préstamo para quienes quieren comprar su primera casa que pueden ayudarte a comprar tu propio hogar más rápidamente de lo que crees.

Karen mostró una amplia sonrisa.

—¡Eso me parece excelente! —dijo.

TU HOGAR ES LA INVERSIÓN MÁS IMPORTANTE DE TU VIDA

Cuando Karen se sentó, me fijé en una pareja de personas mayores a la que ya había visto anteriormente en el fondo del salón. Estaban sentados con los brazos cruzados. Cuando se le habla a un público, es una mala señal que alguien tenga los brazos cruzados, pero estas dos personas asentían con la cabeza y sonreían.

Luego de que terminara la sesión de preguntas y respuestas, pasé unos veinte minutos firmando ejemplares de mi libro. Para mi sorpresa, noté que la pareja de personas mayores esperaba pacientemente a que yo terminara. Cuando por fin lo hice, se me acercaron.

—David —dijo el hombre—, ¿puede dedicarnos unos minutos para que le contemos una historia?

—Por supuesto —contesté—. Todos mis libros se basan en las historias de personas reales. Me encanta escuchar… y aprender.

"SOMOS MILLONARIOS GRACIAS A LAS CASAS QUE COMPRAMOS"

Se llamaban John y Lucy Martin. Parecían tener entre sesenta y sesenta y cinco años, pero lucían más jóvenes —estaban en forma, eran atléticos— y parecían entusiasmados con la vida.

—Espero que no tome esto a mal —comenzó John—, pero en realidad no vinimos a la librería para oírlo hablar. No más estábamos hojeando los libros cuando escuchamos el alboroto en el fondo del local y pensamos ir a ver de qué se trataba. Su charla resultaba atractiva, así que decidimos quedarnos a escuchar.

—Usted acertó en el consejo que le dio a esa joven, Karen —interrumpió Lucy—. Una casa *es* siempre la mejor inversión que puede hacerse.

—Y, si se puede evitar, pagar alquiler jamás tiene sentido —añadió John.

John y Lucy se miraron entre sí y sonrieron.

—Lo sabemos por experiencia personal —dijo John—. De hecho, hoy día somos millonarios gracias a las casas que hemos comprado a lo largo de los años.

—¿De verdad? —pregunté.

—No me malentienda —continuó John—. No quiero alardear. Pero creo es realmente asustador ver cómo muchos de estos jóvenes ganan tanto dinero en la bolsa de valores con tanta rapidez. No se dan cuenta de que todas esas ganancias de los punto-com están sólo en el papel —y que hasta que vendan sus acciones e inviertan en algo, como una casa, todo es pura especulación.

Eso ocurrió en los años noventa, y John tenía razón en mantenerse escéptico.

"LO QUE NOS ENRIQUECIÓ FUE SER PROPIETARIOS"

Lucy asintió con firmeza.

—Nosotros también hemos invertido en el mercado de valores a lo largo de los años, pero siempre hemos diversificado nuestras inversiones y las hemos conservado durante mucho tiempo —dijo.

Yo hice un gesto de aprobación con la cabeza.

—Pero mire lo que sucede —prosiguió Lucy—, lo que nos hizo ricos fue ser propietarios de casas. Cuando éramos jóvenes, jamás pensamos que podríamos llegar ni siquiera a ser dueños de nuestro propio hogar. Pero resultó ser mucho más fácil de lo que imaginábamos... y al final nos ayudó a crear verdadera seguridad financiera.

John sonrió lleno de orgullo.

—Aún me parece difícil de creer, pero tenemos más de tres millones de dólares en bienes raíces. Y todo eso lo hemos logrado con sólo comprar una serie de propiedades, vivir en ellas y saber cuáles conservar como casas de alquiler y cuáles vender para sacarles ganancias libres de impuestos. A decir verdad, ha sido divertido.

—Y mucho más fácil de lo que nos imaginábamos —añadió Lucy—. ¿Podemos decirle cómo lo logramos? ¡Vamos a invitarlo a tomar un café *latte*[1]!

Los tres nos reímos. En la presentación a la que la familia Martin había asistido, yo había hablado de lo que llamo el Factor Latte®[2], un concepto creado por mí que explica cómo las cosas insignificantes en las que gastamos dinero (como los café *lattes*) al final pueden costarnos una fortuna... o hacernos ricos si aprendemos a eliminarlas y a pagarnos a nosotros mismos primero.

Así que nos encaminamos a la cafetería... y hacia una lección acerca de cómo hacerse rico por ser dueño de una casa.

---

[1] Un café latte es muy parecido a un café con leche. La diferencia está en la preparación, y "latte" quiere decir "leche" en italiano.

[2] En inglés se llama *The Latte Factor*.

CÓMO COMENZAR A CONVERTIRSE
EN PROPIETARIO

John fue el que más habló, pero la historia que contó era sin duda producto de un esfuerzo común. Si acaso, parecía que Lucy fue quien al principio hizo que pensaran en comprar propiedades.

—En realidad compramos nuestro primer hogar cuando ya teníamos casi treinta años —comenzó a decir John—. Y la verdad es, no le prestábamos mucha atención al dinero. En esa época yo estaba en el ejército y no ganaba mucho. Pero tampoco gastábamos mucho, ya que vivíamos en una base en Oakland y muchos de nuestros gastos de manutención y alojamiento estaban cubiertos. Algo que sin duda nos ayudó fue que el ejército tenía un sistema para pagar las cuentas en el que yo tenía la opción de que me sacaran el dinero automáticamente del cheque salarial. En esencia, ahorrábamos nuestro dinero *automáticamente,* tal y como usted lo aconsejó en su charla. Como pagábamos las primas de un automóvil, pedí que extrajeran ese dinero de mi cheque. Y entonces llegó el día en que la deuda se liquidó, y entonces comenzamos a hablar de qué hacer con el efectivo adicional que nos sobraba ahora que ya no teníamos que pagar el auto.

—Lucy tuvo la idea de que comenzáramos a ahorrar para comprar una casa. Mi respuesta fue, "¿Por qué vamos a ahorrar para una casa si podemos vivir en la base sin pagar casi nada?" Pero Lucy insistió. Dijo que ser dueños de nuestro propio hogar nos iba a dar opciones. Si alquilábamos, nos íbamos a quedar atrapados.

—Gracias a Dios le hice caso. A los dos años, ya habíamos ahorrado lo suficiente para un pago inicial.

—No lo cuentes como si fuera tan fácil —interrumpió Lucy con una sonrisa—. Inclusive entonces, tú no estabas seguro, ¿verdad, mi amor?

John le respondió con una sonrisa cómplice.

—No, no lo estaba —admitió—. El auto que teníamos ya era viejo y tenía deseos de comprarme uno nuevo. Pero Lucy se puso firme. Dijo, "Nada de eso. No vamos a botar este dinero en un auto nuevo. Vamos a buscar una casa".

—Eso es —asintió Lucy—. Ya teníamos hijos y le dije a John que teníamos que mudarnos de la base y buscar un vecindario agradable con un buen sistema escolar.

EL VECINDARIO NO ERA IDEAL, PERO LA CASA ESTABA A NUESTRO ALCANCE

John siguió con su narración.

—Al principio, parecía casi imposible. Cuando comenzamos a buscar, nos dimos cuenta de que la mayoría de las casas no estaban a nuestro alcance. Era duro, pues ambos nos habíamos criado en buenas casas. Nuestros padres no eran ricos para nada, pero en su época las casas no eran tan caras. Las casas que nos mostraban eran sumamente caras.

—Para empeorar las cosas, nuestros amigos insistían en que no abandonáramos la base, pues decían que estábamos perdiendo el tiempo. Pero Lucy era implacable. Todos los domingos revisábamos hasta el cansancio el periódico para ver qué ofrecían. Los fines de semana íbamos a ver las casas que abrían sus puertas a posibles compradores, y conducíamos por los vecindarios que nos gustaban en busca de letreros de SE VENDE. Pero mientras más buscábamos, más nos deprimíamos. No parecía haber nada a un precio que nosotros pudiéramos pagar en los sitios donde queríamos vivir.

—Estábamos a punto de darnos por vencidos cuando vi un artículo en el periódico acerca de un área llamada Walnut Creek. En ese entonces, Walnut Creek estaba muy lejos de todo, en los quintos infiernos. Pero las casas tenían un precio que podíamos costear, había buenas escuelas y cada vez se mudaban allí más parejas jóvenes.

—Llamamos a un agente de bienes raíces de la zona y fuimos a ver casas con ella. A los dos días encontramos una por $30.000. Bueno, Walnut Creek no era donde realmente queríamos vivir. Estaba a unos veinte minutos más allá de donde queríamos estar, y la casa no era perfecta. Era pequeña y necesitaba muchas reparaciones para hacerla aumentar de valor. Pero tenía tres dormitorios y dos baños, y pensábamos que podíamos pagarla. Habíamos ahorrado lo suficiente para dar un pago inicial, y creíamos que si nos apretábamos el bolsillo podríamos satisfacer los pagos de la hipoteca. Aun así, en esa época, $30.000 nos parecía una fortuna.

"COMIENZAS CON POCO Y VAS SUBIENDO POCO A POCO"

—Mientras examinábamos la casa —continuó John—, Lucy se dio cuenta de que yo no estaba muy entusiasmado. Creo que hasta le dije, "Sabes, ésta no es la casa ideal de la que siempre hemos hablado". Y ella dijo, "John, los sueños comienzan con algo pequeño". Y luego nuestra agente de bienes raíces comentó algo que nunca olvidaré. Dijo, *"La casa de sus sueños no es la primera que se compra, pero su primera casa es la que algún día les ayudará a obtener la casa de sus sueños".*

—Nos dimos cuenta de que ella tenía razón, y en ese mismo momento Lucy y yo tomamos la decisión de comprarla. Hicimos una oferta y nos la aceptaron.

UNA INVERSIÓN DE $30.000 SE CONVIRTIÓ CON EL TIEMPO EN UN MILLÓN

John se recostó en su silla, con la mirada perdida en el pasado al recordar aquel día crucial.

—Eso sucedió hace casi treinta y cinco años —dijo—. Hoy, esa casita vale cerca de un millón de dólares. Lo sé porque todavía es nuestra.

—Pagamos la hipoteca —comentó Lucy—, y ahora la tenemos alquilada a una pareja joven y muy agradable que tiene niños. Nos pagan casi $3.000 al mes. Es difícil de creer que la compramos por menos del alquiler que nos produce en un solo año.

—Nuestra segunda casa era mucho más cara —dijo John, continuando con su relato—. Nos costó un poco más de $100.000. Por supuesto que era más grande, estaba situada en un nuevo lugar de desarrollo urbano… ¡y tenía piscina!

—Nos hacía falta el espacio y la piscina —se rió Lucy—. Ya para entonces teníamos tres hijos.

—Y aunque ya yo no estaba en el ejército y ganaba un poco más de dinero, de nuevo tuvimos que estirar el sueldo para hacer la compra —continuó John—. Pero, y esto es realmente importante, no tuvimos que estirarlo demasiado para comprar la casa. De hecho, en realidad lo estiramos un poco *menos* de lo que podríamos haberlo hecho, ya que habíamos decidido no vender nuestra primera casa, sino conservarla y alquilarla. Así que en lugar de vender, refinanciamos lo suficiente para poder sacar un pago inicial para nuestro nuevo hogar.

LIQUIDA LA HIPOTECA ANTES DE TIEMPO PARA AHORRAR UN MONTÓN DE DINERO

—Cuando llegó el momento de enviar a los chicos a la universidad, nuestra casa de $100.000 valía más de $500.000 —afirmó John—. De verdad que no lo podíamos creer.

—Y lo mejor de todo —añadió Lucy—, es que ya estaba casi pagada, pues habíamos usado un programa que nos ofreció el banco llamado "plan de pago bisemanal de hipoteca". Suena complicado, pero no lo es. Lo que hace es que te ayuda a liquidar tu hipoteca con gran rapidez, y eso te ahorra un montón de dinero en interés.

—¿Has oído eso de que "el tiempo es oro"? —terció John—. Pues bien, con respecto a las hipotecas, ésa es una gran verdad.

—Y por eso es que, además de usar el plan de pago bisemanal de hipoteca, también añadíamos un poco más de dinero a nuestro pago hipotecario al final del año cuando John recibía su bono —dijo Lucy.

John asintió con la cabeza e hizo un gesto hacia Lucy:

—¿Por qué no le cuentas el resto de la historia, querida?

Lucy siguió con el relato.

—Con los muchachos en la universidad, ya no teníamos que preocuparnos por estar en un buen sistema escolar. John quería vivir en un campo de golf, así que comenzamos a buscar entre las comunidades de golf.

"HICIMOS UNA LOCURA... ¡COMPRAMOS LA CASA DE NUESTROS SUEÑOS!"

—Para ser breve —continuó Lucy—, vendimos nuestra segunda casa por $650.000. Y entonces hicimos una locura con el dinero...

¡lo usamos para comprar la casa de nuestros sueños! El precio era de $750.000, así que otra vez tuvimos que estirarnos un poquito. Pero las tasas de interés habían bajado muchísimo y pensamos que podíamos permitirnos las mensualidades más altas.

—No podíamos creerlo. Nada menos que nosotros vivíamos ahora en una casa enorme, casi una mansión. Era casi cinco veces más grande que nuestra primera casa y tres veces más grande que las casas en que nos criamos. Nuestros hijos pensaban que habíamos enloquecido. Pero estábamos listos para pasarlo bien.

—¡Y todavía lo estamos! —exclamó John, y todos nos reímos.

—Bueno, eso pasó hace diez años —prosiguió Lucy—. Hace poco vendimos esa casa por más de dos millones de dólares. Empleamos parte del dinero en la compra de una casa nueva en un campo de golf en Arizona, que es donde vivimos ahora, y el resto en comprar un pequeño edificio de apartamentos. El edificio tiene cuatro unidades y nos produce unos $50.000 al año en alquiler, después de pagar los gastos. Entre nuestra primera casa, que ahora alquilamos, y este edificio de cuatro apartamentos, nos entran $90.000 al año. Nada mal para un par de jubilados.

VIVIR BIEN SIN PREOCUPACIONES FINANCIERAS

—¿Y sabe lo más asombroso de todo? —preguntó John—. En realidad, no hicimos nada especial. Pero aquí estamos, treinta y cinco años después, con una buena vida, jubilados, sin preocupaciones financieras y con un hogar maravilloso en un campo de golf.

—Oh, vamos —dije—, no sean tan modestos. Lo que ustedes hicieron *fue* realmente especial.

John sacudió la cabeza.

—Nada de eso. Siempre nos cuidamos de no abarcar más de lo que podíamos. Si hicimos algo especial fue no vender nuestro primer hogar. Alquilar esa casa nos ayudó a acrecentar el valor acumulado *(equity)* con el dinero de otra persona. Y, en última instancia, la renta de esa casa nos ayudó a liquidar mucho más rápidamente la hipoteca de la casa en que vivíamos. Debido a eso, cuando estábamos listos para comprar nuestro tercer hogar, pudimos permitirnos uno realmente grande.

—Y cuando cambiaron las leyes de impuestos —saltó Lucy— de verdad que nos beneficiamos.

Ella se refería a los cambios que el Congreso promulgó en 1997. Antes de eso, el gobierno permitía a los dueños de propiedades vender una vez en sus vidas una casa sin tener que pagar impuestos por las ganancias. Pero en 1997 el Congreso cambió las reglas. Ahora, cada vez que vendas tu casa o apartamento, los primeros $250.000 de ganancias están libres de impuestos —o los primeros $500.000 si se trata de una pareja de casados.

—Así que cuando vendimos nuestra casa de California de $750.000 por $2 millones, $500.000 de las ganancias quedaron libres de impuestos —explicó John—. Pensamos salir aún mejor con nuestra casa de Arizona. Vamos a venderla tan pronto como su valor aumente a $500.000 para agarrar nuevamente las ganancias libres de impuestos.

"INCLUSO SI NUESTRA CASA NO AUMENTA DE VALOR, VAMOS A SALIR BIEN"

—Quieres decir *si* sube de valor, John —añadió Lucy—. Incluso en los bienes raíces, nada está garantizado. Por supuesto, si nuestra casa no aumenta de valor, vamos a salir bien, pues la vivimos y la disfrutamos.

John soltó una risa agradecida.

—Ésa es mi Lucy. Siempre realista. *Si* sube a $500.000. Y *si* alguna vez vendemos nuestro edificio de apartamentos —que ya vale $250.000 más de lo que pagamos por él—también hay una manera en que podemos evitar pagar impuestos por él.

Le dio una palmadita a Lucy en el brazo.

—Es fantástico —dijo—. Supongo que hemos sido más afortunados que mucha gente. Sin duda que no somos los más inteligentes. Pero en general, no hemos pasado realmente tanto trabajo para tener el éxito que hemos tenido. A veces los bienes raíces parecen muy simples. Nosotros ni siquiera administramos nuestro edificio de cuatro apartamentos. Nuestro agente de bienes raíces nos puso en contacto con una compañía de administración de propiedades que lo hace por nosotros.

—Y no se olvide de esa primera casa nuestra —indicó Lucy—. La misma familia la ha alquilado durante diez años. A veces me dan pena. Es decir, con todo el alquiler que nos han pagado a lo largo de los años, podrían haberse comprado su propia casa. Pero parecen felices. Me imagino que no todo el mundo quiere ser dueño de su hogar.

"Y AHORA NUESTRAS HIJAS TAMBIÉN LO HACEN"

Cuando salíamos de la cafetería, reanimados con nuestros *lattes*, les hice a John y Lucy una pregunta final:

—¿Creen que lo que ustedes hicieron a lo largo de los últimos treinta y cinco años puede hacerse todavía en el presente?

John y Lucy se miraron y sonrieron.

—David —dijo Lucy—, se hace todos los días. La mayoría de nuestros amigos son como nosotros.

John asintió.

—Arizona está llena de personas que están haciendo lo mismo que nosotros hicimos. Sabes, hasta nuestras hijas lo hacen. Es curioso, nuestro mayor error, mío y de Lucy, fue que no comenzamos sino hasta que ya casi habíamos cumplido treinta años. Gracias a Dios, ninguna de nuestras hijas esperó tanto tiempo. Verónica sólo tiene veinticinco y ya es dueña de una unidad de condominio en San Diego que ha duplicado su valor en tres años. Y su hermana, Kathy, compró una casa en Idaho que ha aumentado su precio en un 50 por ciento. Ellas aprendieron de nosotros lo fácil que puede ser. Ahora les enseñan a sus amigos a hacerlo —y ya se preparan para comprar una segunda casa.

LO MÁS IMPORTANTE ES PENSAR
DE LA MANERA CORRECTA

—John tiene razón —afirmó Lucy—, pero olvida algo. Lo más importante de lo que nosotros hicimos es que pensamos de la manera correcta. *Durante mucho tiempo habíamos pensado como pobres.* Pensábamos que siempre seríamos inquilinos, y lo fuimos durante diez años. Pero un día, ampliamos nuestro pensamiento. Nos dimos cuenta de que realmente podíamos pasar de ser inquilinos a propietarios. Y luego, cuando llegamos al punto en que estábamos listos para comprar una casa más grande, nos dimos cuenta de que, en vez de vender nuestra primera casa, podíamos conservarla y alquilarla. Eso hizo toda la diferencia.

Entonces Lucy me miró fijamente.

—La mayoría de la gente nunca cambia su forma de pensar. Si lo haces, puedes lograr lo que nosotros logramos.

Pensé en lo que Lucy decía. Sonaba casi demasiado fácil para ser cierto.

—Pero, ¿y la disciplina? —les pregunté—. Es decir, una cosa es decidirse a hacer algo y otra totalmente distinta es adherirse a esa decisión. ¿Dónde encontraron la disciplina para separar los ahorros que necesitaban y no fallar en el pago mensual de todas esas hipotecas?

"EL TRUCO CONSISTE EN HACERLO TODO AUTOMÁTICO"

Lucy y John se echaron a reír.

—Por Dios —dijo Lucy—, ¡yo creo que no conocemos a nadie más indisciplinado que nosotros!

—El truco —señaló John— es hacerlo todo automático. Con la ayuda de nuestro banco, automatizamos todo, desde nuestros programas de ahorro hasta nuestros pagos hipotecarios. Hasta arreglamos para que nuestros inquilinos depositen sus pagos de la renta de manera automática.

Lucy asintió con expresión pensativa.

—Es muy sencillo —dijo—, nunca me imaginé que la jubilación sería algo tan fácil… ni tan divertido.

Entonces, les di la mano a John y Lucy y les agradecí el *latte* —y su relato. Qué gente tan agradable, pensé al verlos caminar por la calle tomados de la mano, qué plan tan sencillo.

Me di cuenta de que ellos eran Millonarios Automáticos Dueños de Casa. Tal vez algún día yo también lo sería.

AHORA TE TOCA A TI

La historia de la familia Martin y cómo se hizo rica sin mucho esfuerzo ni experiencia en bienes raíces puede convertirse en tu propia historia.

Para averiguarlo, pasa la página y sigue leyendo. Estás a punto de entrar al mundo ser dueño de una casa y de las inversiones en bienes raíces, un mundo que es mucho más sencillo de entender —y de dominar— de lo que jamás imaginaste. Sólo te quedan unas pocas horas para adoptar una manera absolutamente nueva de pensar acerca de dónde vives y cómo vives. Si actualmente pagas alquiler por tu casa, te prometo que ya no vas a querer hacerlo más. Y si ya eres dueño de tu hogar, muy pronto comenzarás a pensar en comprar otra casa… quizás varias.

Estás en camino de convertirte en un *Millonario Automático Dueño de Casa.*

¿TIENES QUE SER CIUDADANO O RESIDENTE?

La condición de ciudadanía o de tener un determinado estatus de permanencia legal en el país no es requisito para poder comprar casa en Estados Unidos. De hecho, para obtener préstamos del Departamento de Casa y Desarrollo Urbano (HUD, por sus siglas en inglés) aprobados por la Administración Federal de Casa (FHA) no es necesario que el prestatario presente prueba de ciudadanía o de residencia legal como requisito para calificar. Un documento que sí te van a pedir es tu número de Seguro Social (SSN), y si no tienes uno, puede que te acepten a cambio tu Número de Identificación Personal del Contribuyente de Impuestos (ITIN), que otorga el Servicio de Impuestos Internos (IRS) para que individuos que no poseen SSN puedan identificarse al pagar sus impuestos. Ya hay personas quienes están comprando casa utilizando el ITIN.

Es importante también que declares tus impuestos mediante el ITIN si no tienes SSN, porque cuando solicites una hipoteca deberás presentar tu declaración de impuestos de los últimos dos años para demostrar que estás al día con el Tío Sam. Llama al IRS para aprender cómo obtener un ITIN si lo necesitas (1-800-829-1040).

CAPÍTULO DOS

POR QUÉ LOS DUEÑOS DE CASA INTELIGENTES ACABAN RICOS

Lucy Martin no exageró cuando dijo que el factor más importante para llegar a convertirse en un Millonario Automático Dueño de Casa era tener la mentalidad adecuada. La mayoría de las personas cree que ser rico es una cuestión de suerte o del destino —el tipo de cosa que le sucede a cierta gente, pero nunca a ellos, y que lo mejor que pueden hacer es simplemente seguir insistiendo y tratando de mantenerse a flote. Como dijo Lucy, se ven a sí mismos como pobres.

Pero si algo podemos aprender de la historia de la familia Martin es que *cualquiera puede llegar a ser rico*. Y no es ni remotamente tan difícil como la mayoría de la gente piensa. El hecho es que hay estrategias sencillas que no requieren que ganes un montón de dinero o que vires tu vida al revés para vivir con desahogo y acabar rico. Y una de las más sencillas y más efectivas es ser el dueño de tu propia casa.

Entonces, ¿por dónde comenzamos?

Probablemente, no donde crees. Quizás pienses que deberíamos empezar por hablar sobre qué tipo de casa puedes comprar. La mayor parte de los libros sobre el mercado de bienes raíces comienzan por ese tema. Pero he aquí lo que me ha demostrado la experiencia: no importa cuánto puedas invertir en comprar una casa o propiedad para alquilar si no tienes la confianza en ti mismo para hacerlo. Decidirte a comprar tu primera casa (o tu segunda casa sin haber terminado de pagar la primera) puede parecerte algo inmenso que te llena de terror —razón por la cual puede que muchos de nosotros seamos todavía inquilinos aun cuando sabemos que probablemente no deberíamos serlo. Desafortunadamente, no siempre es fácil encontrar esa confianza en uno mismo para superar ese temor.

El propósito de este capítulo es que aprendas a tener confianza en ti mismo. Una vez que tengas confianza en ti mismo, estarás preparado para tomar acción. Y son las acciones —no las buenas intenciones— las que cambian nuestras vidas.

Este capítulo sólo tiene 22 páginas. Lo debes poder leer en menos de veinte minutos. No es mucho, pero en ese espacio de tiempo voy a enseñarte todo lo que necesitas saber sobre el mercado de bienes raíces y por qué todavía estás a tiempo para comprar una casa y enriquecerte.

PARA LOGRAR RIQUEZA, NADA ES MEJOR QUE SER DUEÑO DE UNA CASA

De todos los secretos sobre la seguridad económica que pudiera compartir contigo, ninguno es mejor que ser propietario de una casa.

Ninguno. Si lo haces adecuadamente —y esto no es difícil de hacer con el tiempo— a la larga vas a ganar más dinero con tu casa que con cualquier otra inversión que hagas. Y como dije antes, si compras unas cuantas propiedades a lo largo de tu vida y se las alquilas a otros, no solamente tendrás seguridad financiera sino que serás rico —¡quizás muy rico!

Esto es exactamente lo que le sucedió a la familia Martin. Es lo que me sucedió a mí. Puede sucederte a ti también.

En lo que a diferentes maneras de enriquecerse se refiere, ser propietario es más bien aburrido —pero funciona. Y te permite dormir tranquilamente por la noche.

ESCUCHA A LOS ESCÉPTICOS, PERO CONOCE LOS HECHOS

Mientras escribo esto, los escépticos en cuestiones de bienes raíces están que hacen ola. Han dicho durante cinco años que el boom de los bienes raíces no es más que una burbuja a punto de estallar. Y en honor a la verdad, pueden citar algunas tendencias preocupantes. Una de ellas es la cantidad de especuladores en mercados "turbulentos" como la Florida, San Diego y Las Vegas, donde un número cada vez mayor de personas compran apartamentos de edificios de condominios no para vivirlos, sino con la idea de revenderlos y lograr una ganancia rápida. La otra es la creciente popularidad de las hipotecas con tasa de interés ajustable o aquellas en las que sólo se paga interés, y ambas pueden atraer compradores confiados que se exponen a un riesgo demasiado grande.

Dado el enorme aumento en los precios de las casas, sería sorprendente que los especuladores no hubieran plagado el mercado de casas. Todo el mundo quiere ganar dinero rápidamente. Pero si ésa es tu meta, has venido al lugar equivocado. Aquí de lo que hablamos no es de especulación a corto plazo, sino de un compromiso a largo plazo. **Este libro trata de cómo hacer decisiones sólidas en el negocio de bienes raíces que te enriquecerán a lo largo de tu vida.**

Mi intención no es "promover un plan para que te vuelvas rico rápidamente". Hablo de un método simple y duradero para guiar tu vida que te permitirá acabar rico gracias a tus inversiones en bienes raíces.

¿Cómo es que yo puedo estar tan seguro de que el mercado de bienes raíces conduce a la riqueza? Bueno, el hecho es que el valor de los bienes raíces en los Estados Unidos ha subido a un ritmo constante durante las últimas cuatro décadas —a un promedio de 6,3 por ciento por año desde 1968, que es cuando la Asociación Nacional de Agentes Inmobiliarios empezó a llevar la cuenta. Según Freddie Mac (también conocida como *Federal Home Loan Mortgage Corporation* o Corporación Federal de Préstamos Hipotecarios para Casas), desde el año 1950 los precios de las casas *jamás* han sufrido una baja de un año para otro a nivel nacional. Compara esto con el S&P 500, uno de los principales indicadores del mercado de valores, que ha tenido al menos una docena de años de bajas durante el mismo período —o con el mercado de Bonos del Tesoro de Estados Unidos, que ha caído diecisiete veces en los últimos cincuenta y cinco años.

Si todavía dudas si ser propietario de bienes raíces tiene sentido, he aquí algo en qué pensar: cinco factores por los cuales ser dueño de una casa es una forma fiable de lograr riqueza, y cuatro razones por las cuales el mercado de bienes raíces es una buena apuesta a largo plazo. Emplea los próximos diez minutos en leerlo. Después, léelos otra vez.

Cuando termines, deberás entender por qué necesitas ser dueño de una propiedad. Y entonces vamos a lanzarnos a ver qué puedes hacer para adquirir unas cuantas.

POR QUÉ SER DUEÑO DE PROPIEDADES PUEDE ENRIQUECERTE

FACTOR NO. I PARA DUEÑOS DE CASA:
**SER PROPIETARIO RESULTA
MENOS CARO QUE ALQUILAR**

Las personas que dicen que resulta menos caro alquilar que ser dueño de una propiedad, sencillamente están equivocadas. En ciertas circunstancias, en ciertos mercados (donde los precios de los bienes raíces son altísimos y donde los alquileres son bajos), puede que alquilar tenga algunas ventajas a corto plazo. Pero a la larga, alquilar simplemente no es un buen negocio (excepto para el dueño, cuya hipoteca tú estás pagando).

Si no eres dueño de tu propia casa o apartamento, puedes fácilmente gastar a lo largo de tu vida más de medio millón de dólares en alquiler —y probablemente aun mucho más. Vamos a sacar cuentas. Digamos que tu alquiler es $1.500 al mes. Después de treinta años, ¡eso sumaría un total de $540.000 en pagos mensuales! Pero eso es si tu alquiler no aumentara jamás —¿y a quién no le suben el alquiler en treinta años? Aun si hay control de la renta, lo más probable es que haya aumentos por el costo de vida. Y si en algún momento tienes que mudarte —bueno, ¡olvídate!

ALQUILAR EN COMPARACIÓN CON SER DUEÑO —FÍJATE EN LOS NÚMEROS

Vamos a tratar al menos de ser un poco realistas. Vamos a suponer que alquilas una casa por $1.500 al mes. Ahora vamos a decir que vives en ella durante treinta años, y que durante este período de tiempo el dueño te aumenta el alquiler de un 5 por ciento cada año (una cantidad conservadora). Durante esos treinta años, le vas a entregar al dueño un total de casi $1,2 millones en pagos de alquiler —y al final no serás dueño de nada, excepto un montón de cheques cancelados. Por si fuera poco, ¡ahora el alquiler que le pagas es $6.174 al mes! ¿Ya estás deprimido?

Ahora vamos a imaginarnos que en vez de alquilar, has usado las herramientas que has aprendido en este libro para comprar la misma casa por $200.000. Al principio, tus costos como dueño, que incluyen los pagos de la hipoteca, impuestos y mantenimiento, probablemente van a ser alrededor de $1.500 al mes, lo mismo que hubieras pagado en alquiler. Pero estos gastos no se van a inflar a través de los años como sucedería con el alquiler. Esto es porque tus pagos regulares de hipoteca, que representan la mayor parte de tu desembolso mensual, son fijos (o, si el interés de tu hipoteca es ajustable, al menos van a tener un tope).

Lo que va a inflarse con el paso de los años es el valor de tu casa. Digamos que aumenta de un 6 por ciento al año, lo cual es en verdad un poco por debajo del promedio nacional. Después que hayan pasado treinta años, serás dueño de una casa que valdrá un poco menos de $1,1 millones. ¿No es increíble?

> ## FACTOR NO. 2 PARA DUEÑOS DE CASA:
> ## LOS PROPIETARIOS TIENEN
> ## APALANCAMIENTO FINANCIERO

El apalancamiento financiero (*leverage* en inglés) es lo que en verdad enriquece a los ricos. Apalancamiento financiero es lo que consigues cuando usas el "dinero de otras personas". Comprar una propiedad con el dinero de otras personas te proporciona muchas ventajas financieras, lo que te permite multiplicar tus ganancias. Es lo que vas a usar para comprar bienes raíces —donde "la otra persona" es tu banco o prestamista.

He aquí cómo funciona. Digamos que encuentras una casa que puedes comprar por $200.000. Si suponemos que la casa en verdad vale eso, no te debería ser difícil encontrar un banco que te preste el 80 por ciento —$160.000— del precio de compra. (Como verás en el capítulo cinco, quizás hasta encuentres un banco que te preste el 100 por ciento o más del precio de compra. Pero por ahora vamos a mantenernos conservadores.)

Esto requiere que des un pago inicial de $40.000. Pones ese dinero, sacas un préstamo y la casa es tuya.

Ahora digamos que el valor de la casa sube de un 10 por ciento, así que ahora vale $220.000, o $20.000 más de lo que originalmente pagaste por ella.

Si vendieras la casa en ese momento por $220.000, ¿cuál crees que hubiera sido tu ganancia? Si respondes que el 10 por ciento, estás equivocado.

Recuerda que solamente diste de pago inicial $40.000 en efectivo. El banco puso el resto. Pero el banco no comparte contigo la ganancia de la venta. Ésa sólo te pertenece a ti. Lo único que le debes al banco son los $160.000 que tomaste prestados.

Luego entonces, de los $220.000 que obtuviste al vender la casa, le pagas al banco sus $160.000 (menos los pagos que has hecho en favor del principal). Eso te deja en las manos más de $60.000 —aproximadamente $20.000 por encima de los $40.000 que aportaste originalmente. En otras palabras, tu ganancia fue de $20.000 en una inversión de $40.000 —lo cual representa el *50 por ciento de rendimiento.*

Pero recuerda que queremos ser conservadores. Al yo escribir esto, en lugares con mercados calientes como Miami, Las Vegas y Phoenix, donde el valor de los bienes raíces ha subido de un golpe más del 100 por ciento en los últimos cinco años, los compradores de casa literalmente se han apalancado para conseguir fortunas.

CÓMO FUNCIONA EL APALANCAMIENTO FINANCIERO			
Usamos como ejemplo la compra de una casa de $200.000 con un pago inicial de $40.000, cuyo valor aumenta de un 6 por ciento al año			
	Valor de la casa	Apreciación total	Rendimiento en un pago inicial de $40.000
AL PRINCIPIO	$200.000	0	—
1er AÑO	$212.000	$12.000	30%
2° AÑO	$224.720	$24.720	62%
3er AÑO	$238.204	$38.203	96%
4° AÑO	$252.496	$52.495	131%
5° AÑO	$267.645	$67.645	169%
6° AÑO	$283.704	$83.704	209%
7° AÑO	$300.726	$100.726	252%
8° AÑO	$318.770	$118.770	297%
9° AÑO	$337.896	$137.896	345%
10° AÑO	$358.170	$158.170	395%

Un magnífico ejemplo que muestra esto es mi amigo Rick y su esposa Molly. Cinco años atrás, ellos compraron una casa en Las Vegas por $200.000. En aquel entonces, el promotor de casas ofrecía un programa especial de préstamos a través de un banco que sólo requería un pago inicial del 5 por ciento. Así que Rick y Molly dieron $10.000 de pago inicial. De hecho, no tenían $10.000 en efectivo. Tomaron prestados $5.000 del plan de retiro de sus empleos y le cargaron $5.000 a una tarjeta de crédito. Sus amistades les decían que estaban locos.

No hace mucho vendieron la casa. ¿Sabes en cuánto? ¡El precio de venta fue $600.000!

Después de reponer el dinero de su plan de retiro y pagar la tarjeta de crédito, se metieron casi $400.000 al bolsillo. Dado que su inversión inicial fue de sólo $10.000, ¡el rendimiento ha sido de un 4.000 por ciento en cinco años!

A pesar de que me gustan mucho las acciones, los bonos y los fondos de inversión colectiva, hay pocas probabilidades de que alguno de ellos produzca un rendimiento ni remotamente similar. Y no hay probabilidades de que alguien nos preste a ti o a mí el 80, 90 ó 100 por ciento del precio de compra para adquirir acciones, bonos o fondos de inversión colectiva. Lo mismo sucede con el oro, los diamantes, las obras de arte, los sellos —o cualquier otra inversión supuestamente "sin fallo" en que puedas pensar. Las instituciones financieras, sencillamente, no prestan ese tipo de dinero a nadie para hacer ese tipo de inversiones. Sin embargo, el asunto es diferente cuando se trata de bienes raíces. Y la razón es sencilla: la mayor parte de la gente que compra una casa va a hacer lo necesario por no perderla. De hecho, los bancos ejecutan menos del 1,5 por ciento de los préstamos hipotecarios que otorgan para compra de casas en un año dado.

Los préstamos hipotecarios son tan buena inversión que con frecuencia muchos bancos hasta contemplan la posibilidad de prestarte el 100 por ciento del dinero que necesites para comprar una casa —y algunos hasta te darán préstamos híbridos de un 125 por ciento (25 por ciento por encima del precio de compra) si tienes buen crédito. Fíjate bien, por favor, que NO recomiendo que intentes obtener uno de estos préstamos. Hablaremos más adelante sobre las ventajas y las desventajas de las hipotecas "sin pago inicial" y todas sus variaciones. Lo que quiero plantear ahora es, sencillamente, que comprar una casa con el dinero de otra persona puede resultar mucho más fácil de lo que piensas —para después disfrutar los beneficios del apalancamiento financiero consiguiente.

La mejor manera de asegurarte de que no vas a salir de la pobreza es pagar más impuestos de lo necesario. Si eres un inquilino, eso es exactamente lo que haces. **Cuando alquilas, recibes absolutamente cero beneficios fiscales por costos de alquiler.** Como propietario o como inversionista en bienes raíces, recibes un montón.

El mejor —y más conocido— beneficio fiscal que los propietarios disfrutan es la deducción por el interés de la hipoteca. Sencillamente, cuando eres el dueño de una casa, el IRS (Servicio de Impuestos Internos) te permite deducir de tu renta gravable los cargos de interés que pagas por el primer millón en la hipoteca de tu hogar —lo cual quiere decir que si tu hipoteca es de $1 millón o menos, puedes deducir *todos* tus pagos de interés. (La cantidad máxima sube a $1,1 millón si sacas un préstamo de $100.000 de una línea de crédito sobre tu casa.) Y como durante los primeros diez años de un préstamo estándar a treinta años casi el 80 por ciento de tus pagos mensuales se aplica a pagar gastos de interés (y no a reducir el principal), al menos durante los primeros años vas a poder descontar más de tres cuartas partes de los pagos que haces de la hipoteca. (Si tienes una hipoteca donde sólo pagas interés —de lo cual hablaremos más adelante—, vas a poder descontar el 100 por ciento del pago mensual de tu hipoteca.)

Digamos que has sacado una hipoteca de $200.000. En el momento en que se escribe este libro, las tasas de interés hipotecario están todavía alrededor del 6 por ciento, lo cual significa que tu pago mensual en una hipoteca típica de treinta años va a ser de aproximadamente $1.200. Puesto que durante el primer año un 83 por ciento de esos $1.200 representa interés, vas a poder descontar más o menos $1.000 —lo cual quiere decir que durante tu primer año como propietario de casa, vas a poder reclamar una deducción fiscal de casi $12.000.

Si eres un contribuyente típico que cae dentro del grupo tributario del 30 por ciento, esa deducción de $12.000 rebajaría en aproximadamente $3.600 la cuota tributaria o pago de impuestos que tienes que pagar. Pero esto es más fácil de analizar de la siguiente manera: al menos al principio, tu pago mensual hipotecario de $1.200 en verdad te cuesta solamente $900. De hecho, el gobierno te da un subsidio mensual de $300.

Si llevas mucho tiempo de inquilino y tu contador no te ha explicado esto, es hora de que te busques otro contador.

Lo que quiero destacar es que esas deducciones fiscales que puedes reclamar por el interés de la hipoteca son un REGALO del gobierno.

¡Acepta el regalo!

> ### FACTOR NO. 4 PARA DUEÑOS DE CASA:
> ## LOS PROPIETARIOS DE CASAS PUEDEN PERCIBIR GANANCIAS EXENTAS DE IMPUESTOS

Otra manera de no salir de la pobreza (o al menos de la clase media) es permitir que el gobierno te siga quitando parte de la ganancia que percibes de tus inversiones. Si compras acciones de Google a razón de $300 y las vendes en $600, vas a ganar un montón de dinero, pero no tanto como crees. Este tipo de ganancia se conoce como ganancias de capital, y al igual que casi cualquier ingreso, el IRS insiste en llevarse su parte. Si tu ganancia proviene de la venta de acciones que han sido tuyas durante doce meses o menos, esto se considera una ganancia de capital a corto plazo y vas a pagar el impuesto típico por el rendimiento. Esto significa que para la mayoría de la gente, el 30 por ciento de la ganancia va a ir al Tío Sam. Si conservaste las acciones más de doce meses, es una ganancia a largo plazo y la tasa tributaria que aplica es un poco más baja, pero aun así es sustancial (del 5 por ciento al 15 por ciento, dependiendo del grupo tributario al que pertenezcas).

Hay un activo, sin embargo, el cual puedes vender y sacarle ganancia sin tener que pagar ganancia de capital al gobierno. Lo adivinaste —tu casa.

¿Recuerdas a mis amigos Rick y Molly, que compraron una casa por $200.000 y la vendieron cinco años después por $600.000? Pues bien, no tuvieron que pagarle al gobierno ni un centavo de los $400.000 en ganancia. Así es. Cero. Nada.

Te explico por qué: Bajo la ley tributaria actual, si vendes tu residencia primaria (la cual el gobierno describe como el lugar donde has vivido al menos dos de los últimos cinco años), no tienes que pagar nada por ganancia de capital por los primeros $250.000 de ganancia —o los primeros $500.000 si eres casado.

Luego entonces, Rick y Molly, si están casados, pueden comprar una casa por $200.000, venderla por $600.000 y ganarse $400.000, que están exentos de impuestos. Y eso no es todo, sino que después puedes dar la vuelta y comprar otra casa por $700.000, venderla en $1,2 millón y meterte en el bolsillo $500.000 completamente exentos de impuestos. Y puedes hacer esto una y otra vez, vender, comprar y meterte en el bolsillo la ganancia libre de impuestos tantas veces como desees las veces que desees —o al menos mientras el código tributario se mantenga como hasta ahora.

Si por alguna casualidad sacas más de $500.000 en ganancia con una venta (o más de $250.000 si eres soltero), tampoco hay problema. Sencillamente, pagas impuestos por ganancia de capital sobre la cantidad por la cual excediste el límite.

REDÚCETE AL TAMAÑO CORRECTO

Una magnífica manera de sacarle provecho a este beneficio fiscal es "bajar un nivel". Me gusta referirme a esto como "reducirse al tamaño correcto". Rick y Molly han seguido esta estrategia. Encontraron una casa muy buena en una comunidad privada en las afueras de Las Vegas. Les pedían $350.000, así que usaron $70.000 de su ganancia de $400.000 libre de impuestos para dar un pago inicial del 20 por ciento. Van a usar los restantes $330.000 para comprar otras dos casas que van a alquilar. La venta libre de impuestos les permitió quedarse con mucho dinero en efectivo para usar de pago inicial, por lo que las hipotecas de estas dos propiedades para alquilar deben ser bastante bajas —lo cual quiere decir que van a generar un flujo positivo de efectivo desde el primer momento.

¿Ves cómo esto puede resultar divertido?

> ### FACTOR NO. 5 PARA DUEÑOS DE CASA:
> ## SER PROPIETARIO FOMENTA EL AHORRO

Una de las principales características de ser propietario —y lo que más contribuye a enriquecer a los propietarios— es el hecho de que ser dueño de tu propia casa fomenta el ahorro. ¿Por qué es esto importante? Es sencillo. La gente que tiene dinero lo tiene porque lo ha ahorrado. Los que no, no lo hicieron.

Ser propietario fomenta el ahorro. Cada vez que haces un pago de tu hipoteca, ahorras dinero. Esto se debe a que con cada pago reduces un poco el balance del préstamo —lo que a su vez aumenta el valor acumulado (o *equity*) de la propiedad. (Esto en el caso de que no tengas un préstamo por el que sólo pagues interés.)

Mientras más tiempo poseas una casa, más valor acumulado va a adquirir, más vas ahorrar —y más te vas a enriquecer.

POR QUÉ EL MERCADO DE BIENES RAÍCES RESULTA UNA BUENA APUESTA A LARGO PLAZO

Ya debes tener una idea bastante clara de los espectaculares beneficios financieros que logras si eres dueño de una propiedad en vez de inquilino. Pero los cambios pueden asustar, al igual que asusta incurrir una gran deuda de cientos de miles de dólares para comprar una casa. Muchas personas normalmente sensatas se convencen a sí mismas de que no deben comprar una casa porque es muy riesgoso. ¿Pero es cierto?

Como dije anteriormente, este libro no es una campaña publicitaria. Por lo tanto, es importante recordar que ninguna inversión —ni las acciones, ni los bonos, ni los bienes raíces— sube en línea recta indefinidamente. Al igual que la mayor parte de los valores de activos netos, los precios de los bienes raíces son cíclicos. Suben y bajan. Y cuando bajan, pueden permanecer bajos durante largo tiempo. A finales de los ochenta, los precios de los bienes raíces bajaron en California y permanecieron bajos durante siete años. Pero en Estados Unidos, a largo plazo (lo cual significa diez años o más), hay muchas razones por las que los expertos estiman que ser dueño de una casa es una forma excepcionalmente inteligente de invertir tu dinero.

He aquí las cuatro razones principales:

> RAZÓN A LARGO PLAZO NO. I:
> **LOS CAMBIOS DEMOGRÁFICOS**
> **HAN AUMENTADO LA**
> **DEMANDA DE CASAS**

Menciona la palabra "demografía" y a la mayoría de la gente se le nubla la vista. Pero para los dueños de casas, hablar de demografía es emocionante. El hecho es que las tendencias demográficas —que incluyen un aumento inesperado en la población, una inmigración sin precedentes y la generación *"baby boom"* (aquellos nacidos entre finales de los años cuarenta y 1964) que va envejeciendo— se han combinado para garantizar que la demanda de casas se mantenga fuerte en el futuro inmediato. Y esta demanda significa que los precios van a seguir en aumento.

Examinemos estas tendencias por separado.

• LA POBLACIÓN DE ESTADOS UNIDOS CRECE MÁS RÁPIDAMENTE QUE LO ANTICIPADO

De acuerdo a un informe reciente del Centro Mixto de Estudios sobre la Casa de la Universidad de Harvard, dos tendencias no relacionadas —la ola migratoria de los últimos veinte años y el hecho de que la mayoría de los estadounidenses viven más que antes— se han combinado para crear el nivel más alto de crecimiento neto de familias desde que la generación *baby boom* entró a formar parte del mercado de casas en los años setenta. De hecho, la agencia de censos predice que entre 2006 y 2015, en Estados Unidos va a haber dos millones más de hogares de lo que los expertos estimaban previamente.

Como resultado, en la actualidad no hay suficientes casas nuevas para suplir la demanda que se espera. Aun cuando ciertos mercados tal vez sufran ahora de un boom de casas que pudiera llevar a un exceso de oferta, la mayoría de los expertos cree que a nivel nacional, nos enfrentamos a largo plazo con una escasez de casas.

• LOS INMIGRANTES ACTUALES COMPRAN MÁS CASAS QUE NUNCA

Debido al número sin precedente de personas nacidas en el extranjero que han llegado a Estados Unidos en las últimas dos décadas, un 20 por ciento de todos los hogares de Estados Unidos los encabeza un inmigrante o un hijo de inmigrante. Una vez que encuentran empleo y comienzan a enviar dinero a sus familiares en sus países de origen, una de las primeras cosas que hacen los inmigrantes cuando vienen a Estados Unidos es ahorrar dinero para comprarse un hogar. ¿Por qué? *Porque ser propietario de una casa es parte esencial del Sueño Americano —aun para aquéllos que todavía no son estadounidenses.*

• LOS *BABY BOOMERS* QUE ESTÁN POR JUBILARSE VAN A CAUSAR UN GRAN IMPACTO EN EL MERCADO DE BIENES RAÍCES

La inmigración no es la única responsable del aumento sin precedente de los precios en el mercado de bienes raíces en los últimos treinta años. Como acabo de mencionar, el gran aumento de la natalidad entre los años cincuenta y principios de los sesenta también ha jugado un papel importante en alimentar la continua y enorme demanda por casas. A medida que los ochenta millones de *baby boomers* llegan a la edad de jubilación en la próxima década, su impacto va a seguir afectando el mercado de bienes raíces.

El valor acumulado de las casas de los *baby boomers* en este momento es sorprendente. Y al refinanciar y obtener dinero en efectivo, o al sacar líneas de crédito que tantos bancos ahora brindan, más y más de ellos convierten el valor acumulado o *equity* de sus casas en efectivo, el cual usan para comprar segundas y terceras casas donde pasan sus vacaciones. Entre 2002 y 2004, los propietarios sacaron de sus hogares la increíble cantidad de $400 mil millones en efectivo —y de inmediato volvieron a colocar gran parte de ese dinero en bienes raíces al comprar 2,8 millones de segundas casas en 2004, una cantidad sin precedente.

Como resultado, la demanda por casas ha subido vertiginosamente. Y se espera que continúe —en particular por las áreas costeras, en comunidades vacacionales y en el mercado de "segundas casas" en general. Ésta es otra razón por la cual se puede ser optimista sobre la perspectiva a largo plazo de los precios de los bienes raíces.

• LA GENERACIÓN ECO

Esos ochenta millones de *baby boomers* dejan tras de sí algo más que un legado de consumo. También han tenido muchos hijos, de los cuales ahora una cantidad sin precedente se enfoca en el mercado de bienes raíces y compra casas a una edad más temprana que antes. Hay cuatro factores que contribuyen a producir este efecto "eco" en el mercado de bienes raíces: la proliferación de programas de préstamos para quienes compran una casa por primera vez, las tasas de interés bajísimas, los padres dispuestos a ayudar con el pago inicial y las herencias.

Este último factor tiene un significado especial. Entre ahora y 2020, mientras la generación *baby boom* empieza a desaparecer, se espera ver la mayor transferencia de riqueza de una generación a otra jamás vista. Este boom sin precedente de herencias facilitará que más jóvenes de hoy en día compren más casas que ninguna generación anterior.

RAZÓN A LARGO PLAZO NO. 2: ES MÁS FÁCIL ENCONTRAR FINANCIAMIENTO

La segunda razón por la cual los bienes raíces son tan buena apuesta a largo plazo tiene que ver con cambios en la manera en que las entidades de préstamo manejan ahora el financiamiento. Antes, quienes querían comprar casa no tenían muchas opciones a la hora de solicitar financiamiento. Podías sacar una hipoteca con interés fijo durante treinta años o una hipoteca con interés fijo durante quince años. Pero entonces ocurrió la revolución del llamado "financiamiento creativo". Como resultado, los compradores de casas hoy día tienen literalmente cientos de opciones a la hora de escoger una hipoteca.

En la actualidad, puedes escoger entre hipotecas con interés fijo, interés variable o en las que sólo se paga interés, con términos de uno a cuarenta años. Hasta puedes obtener lo que se llama una hipoteca de amortización negativa, cuyos pagos son tan pequeños que de hecho con el tiempo, tu principal crece en vez de reducirse. Dichas opciones han surgido en una era de tasas de interés excepcionalmente bajas, pero aunque las tasas tan bajas pueden no durar eternamente, lo más probable es que la nueva variedad de préstamos sí dure.

La gran selección de hipotecas disponibles ha dado un gran impulso tanto a los que compran por primera vez como a los inversionistas en bienes raíces, y sin duda alguna, la proliferación de opciones —y el fácil acceso a las mismas— debe mantener al mercado de bienes raíces viento en popa en los años venideros.

RAZÓN A LARGO PLAZO NO. 3:
**LAS COMPAÑÍAS HIPOTECARIAS
AHORA HACEN PRÉSTAMOS A
PRESTATARIOS DE MAYOR RIESGO**

Esta razón es muy importante, porque significa que aunque tengas un mediocre historial de crédito, o debas mucho dinero en tus tarjetas de crédito, de todos modos vas a poder comprar una casa. En pocas palabras, la industria bancaria está cada vez más dispuesta a trabajar con prestatarios "subsolventes"—personas que han tenido problemas de crédito o a quienes, sencillamente, les es difícil probar que son solventes. Un reflejo de esto es que las hipotecas subsolventes, que casi no existían en los años noventa, representan ahora el diez por ciento de todas la hipotecas en 2004.

Mis amigos Jim y Rebecca son un buen ejemplo de esta tendencia. Una noche, cuando cenábamos en San Francisco justo antes de que Rebecca diera a luz su primer hijo, mencionaron que querían alquilar un apartamento de dos dormitorios para mudarse del de un dormitorio que alquilaban desde hacía siete años.

—Oigan, tengo una idea mejor —les dije—. Ustedes deberían comprarse algo. Es una locura que continúen de inquilinos.

Un poco apenado, Jim me confesó que había una casa a la que le habían echado el ojo, pero que su historial de crédito no era el mejor —y que debían $25.000 en tarjetas de crédito.

—Con el historial de crédito que tenemos, nadie nos va a prestar un centavo —se quejó Rebecca.

Les contesté que no lo sabrían con seguridad hasta que lo solicitaran.

Naturalmente, la primera compañía hipotecaria que contactaron los rechazó, al igual que la segunda y la tercera. Pero siguieron haciendo el intento y tras tres rechazos encontraron un banco dispuesto a prestarles la hipoteca de $550.000 sin pago inicial que necesitaban. Como tenían tan mal crédito, el interés era alto —alrededor del 9 por ciento—, pero obtuvieron un financiamiento del 100 por ciento. La hipoteca hasta cubrió algunos de sus costos relacionados con la escritura de compraventa y las reparaciones.

Tres años más tarde, vendieron la casa por más de $800.000. Con las ganancias libres de impuestos, arreglaron sus problemas de crédito y pagaron todas sus deudas.

La competencia cada vez mayor en la industria de préstamos —y el hecho de que los bancos se han dado cuenta de que prestar dinero a prestatarios subsolventes como Jim y Rebecca no es tan riesgoso como pensaban— significa que personas que anteriormente no hubieran tenido la más mínima posibilidad de comprar una casa, ahora pueden hacerlo. El resultado es que más personas van a comprar casa por primera vez. Y son los que compran por primera vez los que, a la larga, mueven el mercado de bienes raíces a nivel nacional.

RAZÓN A LARGO PLAZO NO. 4: "1031": INCENTIVO DE IMPUESTOS EN PROPIEDADES PARA ALQUILAR

Aunque las deducciones fiscales que suelen disfrutar los propietarios de casas son muy útiles, sí presentan un problema. Sólamente funcionan si la casa que vendes es el hogar donde resides. Pero eso no significa que vas a tener que compartir tus ganancias con el gobierno cuando vendas una propiedad para alquilar. Puedes dejar fuera al Tío Sam si haces lo que se llama un Intercambio 1031 (1031 es la sección pertinente del código tributario).

También conocido como Intercambio Starker (en honor del inversionista en bienes raíces T. J. Starker, cuyo reto a la agencia tributaria IRS condujo a dicho reglamento), el reglamento 1031 estipula que cuando se vende una propiedad para alquilar, no se tiene que pagar impuestos sobre la ganancia siempre y cuando se use lo que se ha recaudado para comprar otra propiedad para alquilar dentro de un plazo de ciento ochenta días. Esto hace que comprar propiedades para alquilar sea algo muy atractivo para los inversionistas. Al reflexionar sobre esto, el monto de los Intercambios 1031 ha explotado, ya que ha subido de $86 mil millones en 2001 a $210 mil millones en 2003. En 2004, el Servicio de Intercambio de Propiedades de Inversión de San Francisco, una de las más grandes agencias al servicio del Intercambio 1031, vio aumentar su negocio en un 40 por ciento sobre lo que fue en 2003. Para más detalles sobre cómo funciona el Intercambio 1031, visita **www.finish rich.com/1031exchange** para leer y aprender más sobre cómo sacarle provecho a esta escapatoria en las leyes tributarias.

AHORA VEAMOS CÓMO PUEDES COMENZAR

Si todavía dudas si debes comprar tu primera casa —o si debes comprar o no otras casas que puedas alquilar—, vuelve a leer este capítulo. Entre el valor acumulado que puedes obtener, los beneficios tributarios de los que puedes disfrutar y la apreciación que puedes esperar, debería resultarte obvio que ser dueño de casa es la inversión financiera más sencilla que puedas encontrar.

Te felicito por haber leído hasta aquí. Ahora, vamos a comenzar a hablar de la estrategia —a aprender cómo vas a encontrar el dinero que necesitas para comprar tu casa o una propiedad inmobiliaria de inversión.

Va a resultar más fácil de lo que imaginas.

PASOS DE ACCIÓN PARA EL MILLONARIO AUTOMÁTICO DUEÑO DE CASA

De aquí en adelante, al final de cada capítulo va a aparecer una serie de **Pasos de Acción para el Millonario Automático.** El propósito de dichos pasos es hacer un resumen de lo que acabas de leer y motivarte a tomar acción inmediata enérgicamente. Recuerda, la inspiración que no se usa es sólo entretenimiento. Para convertirte en un Millonario Automático Dueño de Casa, necesitas actuar sobre lo que has aprendido.

Para repasar las acciones que aparecen en este capítulo, he aquí lo que debes hacer ahora mismo para convertirte en un Millonario Automático Dueño de Casa. Ponle una marca a cada paso a medida que lo logras.

❏ Adopta el enfoque mental de un Millonario Automático Dueño de Casa y reconoce que cualquiera puede volverse rico —hasta tú.

❏ Entiende la diferencia entre la especulación a corto plazo y un compromiso a largo plazo —y cuál de los dos te va a enriquecer de verdad.

❏ Decide en este instante que quieres convertirte en un Millonario Automático Dueño de Casa.

❏ Visita **www.finishrich.com/homeowner//chaptertwo** para escuchar el audio en inglés gratis de este capítulo.

CAPÍTULO TRES

LA SOLUCIÓN DEL PAGO INICIAL AUTOMÁTICO

Ahora que ya estás preparado para comenzar a crear riqueza a través de la compra de propiedades, es hora de que hablemos en forma práctica sobre el dinero —cuánto vas a necesitar exactamente para comprar una casa y dónde lo vas a conseguir.

Dado el aumento continuo de los precios a lo largo de los años, es fácil llegar a la conclusión de que el mercado de bienes raíces se ha convertido en un juego para ricos solamente —es decir, que a no ser que tengas un montón de dinero, debes olvidarte de tratar de participar en el juego. En realidad, nada está más lejos de la verdad. Tener un montón de dinero en el banco ciertamente puede facilitar las cosas, pero no es necesario.

Pero antes de entrar en el meollo de la cuestión de cuánto exactamente —o, para ser más exacto, cuán poco— dinero en efectivo se necesita para comprar una casa, existe una pregunta aun más importante que tenemos que abordar.

¿CUÁNTA CASA PUEDES COSTEAR?

Cuando se trata de invertir en bienes raíces, lo primordial no es cuánto cuesta una casa. Lo primordial es cuánto puedes gastarte tú en ella.

Entonces, ¿cuánto puedes gastarte? No existe una respuesta sencilla para responder esta pregunta —excepto tal vez "más de lo que crees".

¿Y cuánto es eso?

Hay diferentes formas de calcular cuánto te puedes gastar en una casa. Creo que como regla general, la más sensata es la que recomienda la Administración Federal de Vivienda (FHA, por sus siglas en inglés), la agencia gubernamental que se encarga de ayudar a los estadounidenses a convertirse en propietarios. Esta agencia dice que la mayoría de las personas puede dedicar el 29 por ciento de sus ingresos brutos a una casa (lo que incluye los pagos de la hipoteca, los impuestos sobre la propiedad y otros costos relacionados), y hasta un 41 por ciento si no tienen deudas. La tabla a continuación te dará una buena idea de los niveles de precios que tu pago inicial justificaría.

Como indica la tabla en la página 67, si ganas $50.000 al año, debes poder destinar entre $1.208 y $1.712 al mes a una casa, ya sea en alquiler o en pagos de hipoteca. Esto puede parecer una fluctuación bastante amplia —y de hecho lo es. ¿Por qué? Pues porque las personas que tienen el mismo pago inicial no necesariamente están en la misma situación financiera.

¿CUÁL ES EL NIVEL DE PRECIO ADECUADO PARA TI?			
Ingreso anual bruto	Ingreso mensual bruto	29% del ingreso bruto	41% del ingreso bruto
$20.000	$1.667	$483	$683
$30.000	$2.500	$725	$1.025
$40.000	$3.333	$967	$1.367
$50.000	$4.176	$1.208	$1.712
$60.000	$5.000	$1.450	$2.050
$70.000	$5.833	$1.692	$2.391
$80.000	$6.667	$1.933	$2.733
$90.000	$7.500	$2.175	$3.075
$100.000	$8.333	$2.417	$3.417

Ya sea que estés en el extremo superior o en el inferior de los niveles que estipula el FHA, ésta es una decisión que cada uno de nosotros debe tomar individualmente, ya que depende de una serie de consideraciones que incluyen cuáles son tus deudas, cuáles otras metas y otros compromisos tienes (por ejemplo, ahorrar para cuando te retires o para gastos médicos extraordinarios), cuán seguro es tu empleo y cuáles son tus posibilidades futuras. Obviamente, si tienes pocas deudas o ninguna, pocos compromisos adicionales y anticipas una serie de ascensos en tu trabajo, puedes cómodamente llegar al tope del 41 por ciento. Si tienes una situación un poco apretada, será mejor que te mantengas lo más cerca posible del límite inferior del 29 por ciento.

Y aunque la confianza en ti mismo y el optimismo son absolutamente esenciales, ten cuidado que no se te vaya la mano. Ten en mente que la mayoría de nosotros tenemos la tendencia a ver nuestra situación económica en términos demasiado favorables. Por encima de todo, recuerda la Ley de Murphy —el venerable dicho de que "si algo puede salir mal, seguro que saldrá mal"— y réstale entre un 10 y un 20 por ciento a tus cálculos de cuánto puedes costear.

Repasa la siguiente tabla con la mentalidad de que ser propietario es mejor que ser inquilino. La tabla refleja lo que serían los pagos mensuales de acuerdo al monto de una hipoteca de treinta años con diferentes tasas de interés.

PAGOS TÍPICOS DE HIPOTECA							
Pagos mensuales (capital e interés) en una hipoteca a treinta años con interés fijo							
Monto de la hipoteca	5,0%	5,5%	6,0%	6,5%	7,0%	7,5%	8,0%
$100.000	$537	$568	$600	$632	$668	$669	$734
$150.000	$805	$852	$899	$948	$998	$1.048	$1.100
$200.000	$1.074	$1.136	$1.199	$1.264	$1.331	$1.398	$1.468
$250.000	$1.342	$1.419	$1.499	$1.580	$1.663	$1.748	$1.834
$300.000	$1.610	$1.703	$1.799	$1.896	$1.996	$2.098	$2.201
$350.000	$1.879	$1.987	$2.098	$2.212	$2.329	$2.447	$2.568
$400.000	$2.147	$2.271	$2.398	$2.528	$2.661	$2.797	$2.935
$450.000	$2.415	$2.555	$2.698	$2.844	$2.994	$3.146	$3.302
$500.000	$2.684	$2.839	$2.998	$3.160	$3.327	$3.496	$3.665

Bueno, ¿qué nos dice esta tabla? Pues bien, a un interés de alrededor del 5,75 por ciento (que es el interés prevalente en una hipoteca de treinta años a un interés fijo en el momento en que escribo esto), lo que la tabla dice es que alguien que pueda gastarse entre $1.200 y $1.700 al mes en casa —es decir, alguien que gane $50.000 al año—, pudiera fácilmente tener una hipoteca entre $200.000 y $300.000. En la mayor parte del país, eso es más que suficiente para comprar una casa sustancial.

NO NECESITAS UN PAGO INICIAL MUY GRANDE PARA COMPRAR

Ésta es la gran verdad acerca de la compra de una casa. Cuesta mucho menos de lo que crees. Y no hablo solamente de los pagos de la hipoteca. Me refiero también al error número uno que obstaculiza que las personas compren una casa o una propiedad para alquilar —la idea errónea de que no podrán costear el pago inicial. De hecho, los estudios demuestran que este síndrome de "no pago inicial" es el factor principal que hace que las personas dejen de buscar una casa o que crean que nunca van a poderse comprar una.

Antes era cierto que si no tenías una buena cantidad ahorrada para el pago inicial —digamos, al menos el veinte por ciento del precio de compra— te era difícil obtener una hipoteca. Pero las cosas han cambiado... radicalmente. Como mencioné anteriormente, hoy día existen todo tipo de programas que ofrecen los promotores de casas, las compañías hipotecarias y hasta el gobierno, que hacen posible comprar una casa con un pago inicial tan bajo como el 5 ó el 3 por ciento del precio de compra —y en algunos casos, sin ningun pago inicial. Vamos a detallar estos programas en el Capítulo Cinco. Por ahora, todo lo que necesitas saber es que no tienes que ser rico para comprar una casa. Solamente tienes que *desear* ser rico.

No quiero decir que puedas (o debas) comprar una casa si estás pelado. Aun si pudieras obtener una hipoteca que cubriera el 100 por ciento de tu precio de compra (es decir, que no tuvieras que dar un pago inicial), todavía vas a tener que enfrentarte con lo que llaman "costos de cierre" (que son los costos asociados con la compra de la casa, también conocido como costos de la escritura o de compraventa) —honorarios relacionados a tasaciones, inspecciones de la casa, inspección del título y demás. Estos costos de cierre pueden fácilmente ascender a los miles de dólares, y aun cuando hay hipotecas que cubren tanto el precio de compra como los costos de cierre, lo más probable es que vas a necesitar tener algo de dinero en el banco. Antes de darte una hipoteca, la mayoría de las instituciones de crédito van a querer ver estados de cuenta del banco que indiquen que has ahorrado lo suficiente para tener la cantidad equivalente a por lo menos tres meses de tus gastos básicos relacionados a la propiedad, tales como hipoteca, impuestos, suministros públicos y primas del seguro.

Así que, aunque no es necesario ser rico para convertirse en propietario, necesitas tener *algo* de dinero en el banco. Con esto en mente, veamos cómo puedes empezar inmediatamente a crear los fondos que vas a necesitar para que te encamines a convertirte en un *Millonario Automático Dueño de Casa*.

CÓMO AHORRAR PARA COMPRAR UNA CASA —AUTOMÁTICAMENTE

¿Te acuerdas de John y Lucy Martin, mis Millonarios Automáticos Dueños de Casa originales? Uno de los aspectos que más me impresionaron de su relato fue cómo usaron lo que era previamente el pago mensual de su automóvil para crear fondos para su "cuenta para la compra de su casa".

Acuérdate que a John Martin todos los meses le descontaban el dinero para el pago de su automóvil de su cheque salarial. Pero una vez que terminaron de pagar el automóvil, la familia Martin no canceló la deducción mensual. En vez de eso, decidió ponerla en una cuenta que abrió en su banco con el propósito específico de ahorrar para comprarse una casa. Le tomó menos de dos años lograr su meta.

Crear esta cuenta para comprar una casa fue el primer paso que dieron para ser propietarios —y convertirse en Millonarios Auto-

máticos Dueños de Casa. Es hora de que tú hagas lo mismo. Es
fácil. He aquí cómo hacerlo.

ABRE TU "CUENTA DE AHORROS PARA COMPRAR TU CASA" Y COMIENZA YA

No es complicado. Hoy, tan pronto termines de leer esto, haz una
cita para ir al banco y abrir una cuenta de ahorros. Dile al funcio-
nario que no deseas una cuenta que venga con tarjeta de cajero
automático o cheques (porque no quieres tener la tentación de
gastar el dinero que deposites en ella). Lo que tú más bien quieres
es una cuenta que ofrezca la tasa de interés más alta posible. Puede
resultar ser lo que se llama una cuenta del mercado monetario
(money market account). Una cuenta del mercado monetario es un
fondo de inversión colectiva que invierte el dinero que tú depositas en él en bonos del gobierno a corto plazo. Aunque los fondos
no siempre están asegurados por el gobierno federal como lo está
una cuenta de ahorros normal en un banco, las cuentas del mercado monetario son seguras y, por lo general, pagan los intereses
más elevados, lo cual hace que resulten perfectas para comprar
una casa.

Si comienzas con un depósito inicial de menos de $1.000, puede
que te ofrezcan un interés muy bajo. Así que investiga y compara
quién ofrece la mejor tasa. Los bancos compiten para atraer clientes al igual que cualquier otro negocio, y hay infinidad de ellos
—regulares y en el Internet— que están dispuestos a ofrecer tasas
decentes. Y recuerda que hay cuentas del mercado monetario que
pagan interés por saldos tan pequeños como $100.

¿CUÁLES DOCUMENTOS NECESITAS PARA ABRIR UNA CUENTA BANCARIA?

Estos son los requisitos que te van a pedir para abrir una cuenta bancaria corriente en Estados Unidos:

- Prueba de identidad, que puede ser tu licencia de conducir en Estados Unidos. Algunos bancos en Estados Unidos, incluyendo varios de los más grandes, aceptan la matrícula consular mexicana (y a veces también las emitidas por consulados de otros países, como el de Guatemala) como prueba de identificación principal.
- Prueba de identificación secundaria, como pasaporte, u otro documento preferiblemente con fotografía.
- Número de Seguro Social (SSN), o en su ausencia varios bancos aceptan el Número de Identificación Personal del Contribuyente de Impuestos (ITIN).
- Te pueden pedir prueba de dirección de residencia, como facturas de servicios públicos.
- Cierta cantidad de dinero, que puede ser muy baja, para abrir la cuenta.

AHORA, HAZLO AUTOMÁTICAMENTE

No hay modo de evitarlo. Para que un plan de ahorro sea efectivo, *el proceso tiene que ser automático.* No importa lo que planees hacer con el dinero que ahorras —ya sea que tengas la intención de colocarlo en una cuenta de jubilación, guardarlo como medida de seguridad, invertirlo en un fondo para la universidad o dejarlo a un lado para poder comprar una casa—, **necesitas tener un sistema que no dependa de ninguna acción por parte tuya.** Esto significa pedir que te hagan una deducción regular de la nómina, o una transferencia a una cuenta corriente que transfiera automáticamente una cantidad de dinero específica a tu cuenta de ahorros un día específico de cada mes.

Como trabajé durante años como asesor financiero, puedo decirte que los planes automáticos son los únicos que funcionan. Mis clientes me decían siempre, "David, yo soy superdisciplinado. Voy a ahorrar el dinero todos los meses, de verdad que sí". Lo decían en serio. Lo creían. Pero se engañaban a sí mismos. Adherirse a un plan de ahorros es tan difícil como adherirse a una dieta —quizás más difícil. No es por casualidad que la tasa de ahorros en Estados Unidos cayó a casi cero en 2005. Vivimos en una sociedad de consumo que constantemente nos insta a gastar y a comprar en vez de a ahorrar.

Entonces, ¿por qué torturarte a ti mismo? Simplifica el proceso y hazlo automático. Esto es exactamente lo que hizo la familia Martin. He aquí cómo tú puedes hacerlo.

PRIMER PASO:
PIDE QUE DEPOSITEN AUTOMÁTICAMENTE TU CHEQUE SALARIAL EN TU CUENTA BANCARIA

Lo más inteligente que puedes hacer es pedir que tu cheque salarial se deposite automáticamente en tu cuenta bancaria. ¡Vas a ahorrarte tiempo y dinero! Si solamente te ahorras media hora cada dos semanas al no tener que ir al banco a depositar el cheque de tu sueldo, acabarás por ganar trece horas extras cada año. Más importante aún, tu dinero va a ganar más interés porque va a depositarse en tu cuenta más pronto.

La mayoría de los empleadores ofrecen el servicio de depósito directo, y la mayoría de los bancos lo promueven. Todo lo que necesitas hacer es darle a tu empleador el número de tu cuenta corriente y las instrucciones para hacer la transferencia electrónica (que el banco con gusto te brindará).

> ### SEGUNDO PASO:
> ### PIDE QUE TRANSFIERAN LOS FONDOS AUTOMÁTICAMENTE A TU CUENTA DE AHORROS PARA COMPRAR TU CASA

Usar el depósito directo te permite saber exactamente cuándo va a entrar tu cheque salarial a tu cuenta corriente, así que ahora puedes escoger un día (o días) específico(s) de cada mes para que transfieran automáticamente una cantidad específica de dinero de tu cuenta corriente a tu cuenta de ahorros. Si depositan tu cheque el primero y el quince de cada mes, digamos, te recomendaría que le pidieras a tu banco que transfiriera los fondos al día siguiente (en este caso, el dos y el dieciséis del mes).

Prácticamente todos los bancos ofrecen este servicio —el término técnico es *transferencia automática de fondos,* o *ahorros sistemáticos*— y se puede arreglar en cuestión de minutos con una simple llamada o si visitas el sitio web de tu banco.

SIMPLIFÍCALO AUN MÁS Y HAZLO POR EL INTERNET

Una forma de hacer que el proceso sea aún más fácil —y de poder obtener las tasas de interés más altas posible— es si abres tu Cuenta de Ahorros para Comprar Casa a través del Internet (o en línea). En el momento en que escribo esto, dos destacados bancos por el Internet —**Emigrant Direct** y **ING Direct**— tratan agresivamente de conseguir clientes nuevos a través de cuentas con tasas de interés altas que no requieren un saldo mínimo. (Puedes ponerte en contacto con Emigrant Direct en línea en **www.emigrant direct.com,** o por teléfono al 800-836-1997. Puedes comunicarte en línea con ING Direct en **www.ingdirect.com,** o por teléfono al 800-ING-Direct.) En el verano de 2005, que es cuando escribo estas líneas, las tasas de interés de estas cuentas de ahorro de alto rendimiento son cinco veces más elevadas que el promedio nacional. Mientras muchos bancos ofrecen un 1 por ciento en sus cuentas de ahorro, estos bancos en línea ofrecen hasta el 4 por ciento. Y en algunos casos, las cuentas que ofrecen estos bancos en línea ahora también están aseguradas por el FDIC (organismo federal para garantizar los depósitos bancarios). La única desventaja que tienen es que no son bancos de "mampostería", es decir, no puedes entrar en la sucursal y hablar en persona con un empleado. Pero si tienes alguna pregunta, puedes tomar el teléfono y llamarlos. Y puedes abrir tu Cuenta de Ahorros para Comprar Casa en línea en cuestión de minutos sin salir de tu hogar.

Puedes averiguar lo último que hay sobre bancos y tasas de interés en línea en **www.bankrate.com** y **www.lowermybills.com.**

QUIZÁS TU BANCO TRADICIONAL PUEDA OFRECERTE ALGO MEJOR

Las increíbles tasas de interés que ofrecen estos agresivos bancos en línea han forzado a los bancos "tradicionales" a prestar atención. El resultado es que muchos bancos nacionales ahora ofrecen sus propias cuentas de ahorros de alto rendimiento. Así que antes de hacer el cambio, pregúntale a tu banco tradicional si tienen tasas que compitan. Puedes encontrar que la respuesta es que sí —y en ese caso no tendrás que cambiar de banco. Y en algunas situaciones, las cuentas de ahorro de alto rendimiento que ofrecen los bancos nacionales están aseguradas por el FDIC.

¿CUÁNTO DEBERÍA AHORRAR?

Una vez que hayas abierto tu Cuenta de Ahorros para Comprar Casa, ¿cuánto debes transferir de tu cheque salarial cada dos semanas? Obviamente, depende de tus propias circunstancias. Pero recuerda esto: ahorrar el dinero que vas a necesitar para convertirte en propietario debe ser tu mayor prioridad financiera.

CÓMO AGILIZAR EL PROCESO: SEIS MÉTODOS RÁPIDOS PARA CONVERTIRTE EN DUEÑO DE CASA

Aun con las transferencias automáticas, el proceso de ahorrar suficiente dinero para cubrir un pago inicial pequeño, *más* los gastos de la escritura de compraventa, *más* una reserva para imprevistos, puede tomar meses o hasta años. Si te parece que es un tiempo muy largo para esperar, contempla alguno de los siguientes seis métodos rápidos para convertirte en propietario de casa.

MÉTODO RÁPIDO NO. 1: PIDE PRESTADO EL PAGO INICIAL A UN BANCO

Como mencioné anteriormente, no sólo es posible, sino de hecho es relativamente fácil comprar una casa sin que tengas que aportar el efectivo para el pago inicial. Además de hipotecas del 100 por ciento que cubren el precio completo de compra, también existen lo que se conoce como préstamos 90/10, a través de los cuales se saca una primera hipoteca que cubre el 90 por ciento del precio de compra, y una segunda hipoteca que cubre el pago inicial.

(Voy a discutir los detalles —al igual que las ventajas y las desventajas— de estos préstamos en el Capítulo Cinco.) Aun así, vas a necesitar tener algo de efectivo en el banco antes de comprar, pero ahorrar suficiente dinero para los costos de cierre y una reserva de tres meses para imprevistos no va a tardar tanto como ahorrar para un pago inicial de un 10 ó un 20 por ciento.

MÉTODO RÁPIDO NO. 2: PIDE PRESTADO EL PAGO INICIAL A UN FAMILIAR

Uno de los resultados del enorme aumento en los precios de los bienes raíces es que cada vez hay más padres y abuelos en posición de ayudar a sus hijos o nietos a comprarse una casa propia; esto se debe al valor neto que sus propias casas han cobrado a través de los años. No me malentiendas: no quiero insinuar que esto sea algo que tus padres o tus abuelos estén obligados a hacer. (¡Así que, papás y abuelos, por favor no me culpen si les plantean esto!) Como regla general, trato de disuadir a la gente de prestarle dinero a un familiar, porque la mayor parte de esos "préstamos" acaban siendo regalos. Pero cada regla tiene su excepción, y sé por mi experiencia propia como asesor financiero que si hay un tipo de "préstamo familiar" que tiene sentido, es cuando los padres les prestan a sus hijos el dinero que necesitan para dar el pago inicial para la compra de una casa. Los padres se sienten satisfechos de lo que han hecho, los hijos se sienten agradecidos —y en la mayoría de los casos, el dinero prestado se devuelve al cabo del tiempo.

Si te diriges a tus padres o a tus abuelos para que te den un préstamo, debes presentarles tu solicitud como una oportunidad para que ellos inviertan —no como una dádiva. Ciertamente, deberías ofrecerles pagarles interés por el dinero que te han prestado. Es más, si la tasa de interés prevalente en un certificado de depósito de cinco años es del 5 por ciento, ¿por qué no les ofreces el 6 ó el 7 por ciento?

Si crees que vas a permanecer en la casa por poco tiempo, puedes estructurar el préstamo de forma que no tengas que pagarlo hasta que vendas la propiedad. Por otro lado, puedes establecerlo de forma que te permita pagarlo "tan pronto como sea posible", de modo que si la propiedad se revaloriza, puedas refinanciar y pagar el préstamo con la ganancia que obtengas de ella.

MÉTODO RÁPIDO NO. 3: PÍDELE PRESTADO EL PAGO INICIAL A TU PLAN DE JUBILACIÓN

Otra fuente de dinero que potencialmente te puede servir para reunir el dinero del pago inicial puede ser tu plan de jubilación. Si has depositado dinero en un plan 401(k) a través de tu trabajo, puedes pedir prestado hasta $50.000 de tu cuenta. Todo depende del tipo de plan que tiene tu compañía —*y necesitas tener mucho cuidado*—, pero con las circunstancias debidas, esto puede resultar muy fácil.

He aquí cómo funciona. La mayor parte de los planes 401(k) incluyen previsiones que te permiten tomar dinero prestado de tu cuenta. Averigua en el departamento de beneficios de tu trabajo si éste es el caso. Si lo es, ellos te envían los formularios necesarios a llenar. Entre otras cosas, te van a preguntar para qué vas a utilizar el dinero. Ellos aprobarán tu solicitud sin demora una vez les expliques que es para comprarte una casa.

La cuestión en este caso es que aunque se trate de tu propio dinero, en realidad *sí* es un préstamo, lo que significa que tienes que pagar interés y devolverlo. Por supuesto, todo el interés y el capital que pagas van a tu cuenta de jubilación —lo cual quiere decir que es para ti. Pero tiene sus desventajas. Por un lado, tienes que empezar a pagarlo en seguida. Por otro lado, el dinero que has retirado de la cuenta en calidad de préstamo no compone intereses —lo cual quiere decir que pierdes el beneficio de la ganancia de tu inversión. Así que ésta no debe ser tu primera opción para reunir el dinero del pago inicial. Aun así, es una alternativa que merece la pena considerar.

Por favor, analiza con cuidado los riesgos que enumero abajo, ya que algunos son muy grandes. Y si te decides por esta opción, ¡arréglala para que sea automática! Establece una transferencia automática para los pagos que tienes que hacer para rembolsar tu cuenta 401(k).

UNA ADVERTENCIA SI TOMAS PRESTADO DE TU CUENTA DE JUBILACIÓN

Mi advertencia sobre el hecho de que esto es en realidad un préstamo no es un detalle insignificante. Si no devuelves todo el capital, incluyendo el interés, el IRS va a considerar que es un retiro anticipado y no un préstamo —y eso te puede costar un montón de dinero. Esto se debe a que si extraes dinero de un plan 401(k) antes de cumplir los cincuenta y nueve años y medio de edad, el dinero que retires se considerará un ingreso y tendrás que pagar impuestos por él. Por si fuera poco, te van a imponer un recargo del 10 por ciento. De modo que si tomas prestados $20.000 de tu cuenta de jubilación y no lo haces debidamente, pudieras terminar con una deuda al IRS de $10.000, entre impuestos y recargos.

También debes tener en cuenta que, normalmente, debes terminar de pagar el préstamo que tomas de tu plan 401(k) dentro de un plazo de cinco a diez años —así que pregunta y cerciórate. Y NO lo hagas si existe la posibilidad de que dejes tu trabajo en un futuro cercano. Puede que tu empleador requiera que pagues el préstamo cuando te vayas de la compañía. **Antes de pedir el préstamo, cer-ciórate si éstas son las condiciones que se aplicarían.**

MÉTODO RÁPIDO NO. 4:
SÁCALE PROVECHO A LA "ESCAPATORIA PARA COMPRADORES DE CASAS"

Hay algunas excepciones a las reglas que te penalizan por retirar dinero de una cuenta de jubilación antes de tiempo. Una de estas escapatorias se aplica a los que compran casa por primera vez, ya que se les permite retirar hasta $10.000 de una cuenta de jubila-ción para comprar una casa sin tener que pagar el recargo del 10 por ciento. Aun así, tienes que pagar impuestos sobre ingreso por ese dinero (a no ser, por supuesto, que venga de un Roth IRA (plan de jubilación individual), cuyos fondos siempre están exentos de impuestos). De modo que si retiras $10.000, puede que tengas que pagar $3.000 por ellos al Tío Sam al final del año.

Una de las ventajas de esta escapatoria legal es que el gobierno define a un comprador que compra casa por primera vez como, sencillamente, alguien que no ha comprado un hogar en los últi-mos dos años. De modo que aun en el caso de que ya tengas una casa, puedes tener derecho a acogerte a esta excepción, siempre y cuando la hayas comprado hace más de dos años.

MÉTODO RÁPIDO NO. 5:
HAZ UN CAMBIO RADICAL EN TU VIDA

Algo que obstaculiza el que muchos inquilinos compren una casa o apartamento —o que muchos propietarios inviertan en una propiedad para alquilar— es que no están dispuestos a cambiar su estilo de vida actual para lograr lo que de verdad desean. Todos los

días me encuentro con personas que viven en magníficos apartamentos, que arriendan automóviles fantásticos y usan ropas mara-
villosas. Pero me dicen que no pueden ahorrar para el hogar que
quieren porque viven de cheque a cheque.

Siempre les respondo lo mismo: "Bueno, ¿y si recortas un poco
tu estilo de vida? Múdate a un apartamento más pequeño. Vive en
un vecindario menos elegante. Conduce un automóvil menos
caro. Cómprate menos ropa. Sale a comer un poco menos. Haz
algunos cambios".

La mayoría de las veces, se encogen de hombros y dicen, "Tienes
razón —eso es lo que *debo* hacer". Y un año después, me los
encuentro y me entero de que aún viven en un apartamento
alquilado.

SEIS MESES DE SACRIFICIO —TODA UNA VIDA DE LIBERTAD FINANCIERA

Mi amigo George es un buen ejemplo de esto. Cuando él y su
esposa Donna se casaron, alquilaban un apartamento en San Francisco. Tenían unas ganas enormes de comprar una casa, pero
a pesar de que lo intentaban realmente, no podían ahorrar lo
suficiente.

Tras quejarse un tiempo de los precios increíblemente altos de
las casas en el área de la bahía, hicieron algo que les cambió la vida.
Para poder ahorrar el dinero que necesitaban para el pago inicial,
se mudaron a vivir con el papá de Donna durante seis meses.

Acababan de tener su primer hijo y recuerdo que George me
dijo, "David, no sé si vamos a lograr algo con esto. Caramba, el
papá de Donna es increíble y en verdad hemos tenido mucha
suerte de que nos haya ofrecido vivir con él. ¿Pero te puedes imagi-
nar lo que es estar casados y tener un hijo y vivir con tus padres
para ahorrar dinero?"

Resultó ser que George y Donna sobrevivieron perfectamente

bien la estancia con el papá de ella. De hecho, resultó buenísimo para todos. El abuelo pudo compartir con su nieto —y Donna y George pudieron ahorrar hasta el último centavo que ganaron en esos seis meses. Usaron el dinero para pagar el pago inicial de una casa en un área que todavía no estaba en auge. La casa necesitaba arreglos y quedaba en las afueras, como a treinta minutos del área que ellos hubieran querido, pero les costó solamente $225.000.

Eso fue hace seis años. Hoy en día, ¡la casa vale más de $750.000! Precisamente el año pasado, George y Donna refinanciaron la casa y sacaron algo de dinero para que George pudiera llevar a cabo su sueño de toda la vida de tener su propio negocio. Ambos han logrado sus sueños —gracias a que estuvieron dispuestos a cambiar su estilo de vida durante seis meses.

¿Qué cambios en tu estilo de vida pudieras hacer en este momento para lograr el futuro que deseas?

MÉTODO RÁPIDO NO. 6:
ENCUENTRA TU FACTOR LATTE®
Y TU FACTOR DOBLE LATTE™

No había la menor posibilidad de que yo escribiera este libro sin incluir esto. Si has leído alguno de mis otros libros, si me has visto en la televisión, escuchado en la radio o te has topado con mis ideas en alguna entrevista de un periódico o una revista, sabes que el Factor Latte es mi "mantra". Es la metáfora que uso para hablar de cómo todos gastamos montones de dinero en cosas insignificantes —y cómo podríamos ahorrarnos una fortuna (quizás un pago inicial) si tan sólo comenzáramos a tomar nota de dónde va a parar ese dinero y guardáramos una parte de él.

Este concepto ha cambiado la vida de tantas personas que vale la pena repetirlo. Y si no has oído hablar del Factor Latte y el Factor Doble Latte, tienes que hacerlo. De modo que aquí lo tienes.

CÓMO USAR EL FACTOR LATTE PARA ENCONTRAR EL DINERO DEL PAGO INICIAL

Todos tenemos más dinero del que creemos. El problema está en que con frecuencia lo malgastamos en cosas insignificantes que deseamos, pero que en realidad no necesitamos.

La manera más rápida de ahorrar dinero para una casa (o en realidad para cualquier otra cosa) es que entiendas a dónde va a parar todo tu dinero, ese dinero por el que tanto has trabajado, y que aprendas a guardarlo y no a malgastarlo. Esto es, en esencia, el Factor Latte. Por ejemplo, supongamos que vas a Starbucks todas las mañanas y te compras un *latte* grande descremado. Ahí mismo, ya eso representa alrededor de $4. Incluye con eso un panecillo sin grasa ¡y te has gastado casi $7!

Si todos los días pagas $7 por un latte y un panecillo sin grasa, te vas a gastar $210 al mes en café y panecillo. Eso es alrededor de $2.500 al año. Humm... ¿en qué otras cosas malgastas así el dinero en el transcurso de tu vida? A lo mejor, no en panecillos. No me malentiendas —no tengo nada contra el café. A mí mismo me gusta un buen *latte* de Starbucks de vez en cuando. *Como dije, el Factor Latte es una metáfora.*

¿Quizás tienes una debilidad por el agua embotellada? El agua embotellada es una industria de $10 mil millones de dólares en América del Norte. ¿Cuánto de eso salió de tu bolsillo este mes? A lo mejor son los cigarrillos. Muy fácilmente te puedes gastar $300 al mes en cigarrillos. Si alquilas y fumas —¡deja de fumar! Vas a poder convertirte en dueño de casa y vas a vivir más. En serio.

Si quieres encontrar una forma rápida de ahorrar para comprarte una casa, lo esencial es, en pocas palabras, saber que todo

tiene que ver con las cosas insignifcantes. Encontrar tu Factor Latte puede en verdad ayudarte a ver que ya ganas lo suficiente para poder ahorrar para tu casa. Tu problema es que simplemente gastas demasiado de lo que ganas. Cambia tus hábitos durante doce meses, y sin darte cuenta tendrás lo necesario para comprar una casa.

EL FACTOR DOBLE LATTE —LA FORMA MÁS RÁPIDA DE ENCONTRAR EL DINERO

El Factor Doble Latte (un concepto que presenté en mi último libro, *Start Late, Finish Rich,* o *Empieza tarde, acaba rico*) es lo que usas cuando quieres realmente sacarle el mayor partido a lo que ganas. Su propósito es que observes con suma atención tus gastos generales (es decir, tus costos mensuales habituales) y que los disminuyas un poco.

Un buen ejemplo es el servicio de cable de la televisión. Digamos que tienes un paquete típico de lujo de servicio de cable y gastas $80 al mes por 200 canales, 190 de los cuales nunca miras. No sugiero que entregues tu televisor. Sencillamente, redúcete a un servicio de cable básico y recorta tu cuenta a $29. Solamente eso te puede llegar a ahorrar $600 adicionales al año, los que pudieras guardar para el pago inicial de una casa.

Luego miremos tu cuenta de teléfono. ¿Realmente necesitas un teléfono normal en tu casa *y* un teléfono celular? Si te deshaces del teléfono de tu casa, probablemente pudieras ahorrar otros $500 al año. Y esa cuenta del celular —¿realmente usas mil minutos al mes? ¿No te ahorrarías otros $30 al mes si redujeras el número de minutos al mes y no te pasaras? Eso te pudiera ayudar a ahorrar $400 al año.

El Factor Latte y el Factor Doble Latte han sido creados para ayudarte a analizar exactamente cómo gastas tu dinero. Recuerda, mientras más pronto descubras a dónde va tu dinero, más pronto podrás empezar a ahorrar. Y mientras más pronto puedas ahorrar, más pronto lograrás tu sueño de convertirte en un Millonario Automático Dueño de Casa.

Así que, con esto en mente, ¡ve y encuentra tu Factor Latte! Usa la tabla en la página siguiente para descubrir a dónde va tu dinero y entonces empieza a canalizar más de ese dinero hacia tu Cuenta de Ahorros para Comprar Casa.

ACEPTA EL DESAFÍO DEL FACTOR DOBLE LATTE —Y GÁNATE UNA TAZA GRATIS

Puedes ganarte una taza Factor Latte gratis (perfecto para tomar tu café colado en casa) si me cuentas tu experiencia Factor Latte o Doble Latte en un correo electrónico que debes enviar a success@finishrich.com. Sólo dime qué sucedió cuando aceptaste el desafío. ¿Cuánto dinero encontraste? ¿Qué aprendiste? ¡Cada día vamos a escoger un nuevo ganador!

Desde que comencé a hacer ofertas similares a ésta en *El Millonario Automático* y en *Start Late, Finish Rich, (Empieza tarde, acaba rico)* he recibido miles de historias de éxitos de lectores de todas partes del mundo. Es una idea sencilla que realmente funciona. Te animo a que visites mi sitio web, **www.finishrich.com** y leas cómo el Factor Latte ha cambiado la vida de personas como tú. Sus historias a lo mejor te van a inspirar. ¡Quizás tu historia va a terminar por inspirar a otros!

EL DESAFÍO DEL FACTOR DOBLE LATTE

Calcular tu Factor Doble Latte no sólo significa analizar tus gastos diarios, sino tus gastos semanales, mensuales y anuales para encontrar cosas y servicios, grandes y pequeños, que se puedan eliminar o reducir para lograr grandes ahorros.

Nombre:_____ Día:_____ Fecha:_____

	Artículo o servicio	Costo	¿Dinero malgastado?		Cantidad que ahorras	Cantidad que ahorras al mes
	Lo que compré o compro	Cuánto gasté o gasto	✓ si esto se puede eliminar	✓ si esto se puede reducir	Puedo ahorrar X si hago Y	
Ejemplo de cosa	Tostada c / queso crema y café pequeño	$3,50		✓	$2 / día si como en casa	$60
Ejemplo de servicio	Dos teléfonos celulares para mí y Michelle	$200 al mes, incluyendo gastos adicionales		✓	$50 al mes si cambio el plan de servicio	$50
1						
2						
3						
4						
5						
6						
7						
8						
9						
10						
11						
12						
13						
14						
15						
Mi Factor Doble Latte (cantidad total que puedo ahorrarme al mes)						$

¿CÓMO SÉ SI HE ACABADO?

Una vez que hayas ubicado tu Factor Latte y tu Factor Doble Latte, y hayas programado tus depósitos automáticos para que te transfieran la mayor cantidad posible cada vez que cobras tu cheque salarial, y una vez que hayas incluido los bonos, regalos en efectivo que te hagan por tu cumpleaños, ganancias de las ventas de garaje, devolución de impuestos pagados, rifas que te hayas ganado en la oficina (todo lo que se te ocurra) —¿cómo sabes si has ahorrado lo suficiente? Mi consejo es que ahorres durante uno o dos años y después compres la mejor casa que puedas costear con el pago inicial y la reserva que has logrado juntar. Muchas personas cometen el error de esperar años para ahorrar lo suficiente para dar el pago inicial en la "casa de sus sueños", y terminan sin comprar nunca nada. Recuerda lo que decía la familia Martin: poder comprarte la casa de tus sueños comienza con la compra de tu primera casa.

Recuerda que el tiempo en el mercado es dinero —así que no pierdas tiempo y no pierdas dinero. Sal a comprar tu casa antes y no después.

AHORA EMPIEZA LA DIVERSIÓN —VAMOS A BUSCARTE UNA HIPOTECA

Ahora ya sabes cómo ahorrar automáticamente para el pago inicial y los costos de cierre. Has analizado algunos métodos rápidos para ahorrar, y has tratado de aumentar tus ahorros a través del Factor Latte.

Ahora es el momento de aprender sobre los miles de millones de dólares que hay por ahí en espera de que tú los pidas prestados para comprarte una casa o una propiedad para alquilar. En la actualidad, el mercado de hipotecas es tan excitante como enredado. Pero lo que de verdad te interesa es la enorme cantidad de opciones de financiamiento que facilitan la compra de una casa como nunca antes.

Así que averigüemos dónde y cómo puedes obtener el dinero necesario para convertir en realidad ese sueño tuyo de comprar una casa.

PASOS DE ACCIÓN PARA EL MILLONARIO AUTOMÁTICO DUEÑO DE CASA

Como repaso de las medidas que hemos presentado en este capítulo, he aquí lo que debes hacer ahora mismo para empezar a ahorrar para el pago inicial —automáticamente.

❑ Con la ayuda de las tablas en las páginas 67 y 68, y después de hacer los ajustes necesarios de acuerdo a tus circunstancias particulares, calcula qué precio de casa debes contemplar.

❑ Haz que te depositen tu cheque salarial automáticamente en tu cuenta bancaria.

❑ Abre una Cuenta de Ahorros para Comprar Casa y haz que te transfieran los fondos automáticamente de tu cuenta bancaria normal.

❑ Agiliza el proceso de ahorro a través del Factor Latte y de otros métodos rápidos para convertirte en propietario de casa.

❑ Visita **www.finishrich.com** y lee sobre los éxitos que otras personas han tenido gracias al Factor Latte, y después saca tus propias cuentas con las tablas de cálculo del sitio web. (Y por favor, ¡cuéntanos también de tus éxitos!)

❑ Visita **www.finishrich.com/homeowner/chapterthree** para escuchar el audio en inglés complementario de este capítulo.

CAPÍTULO CUATRO

CÓMO ENCONTRAR UN ASESOR HIPOTECARIO EN QUIEN CONFIAR

Bien, entonces ya estás listo para comprar una casa.

Bueno, no exactamente. Una de las cosas más importantes que te puedo decir para que te conviertas en un Millonario Automático Dueño de Casa es que investigues sobre las diferentes hipotecas y compares precios antes de salir a comprar una casa.

¡Primero necesitas encontrar el dinero! Después de todo, quizás tú te sientas completamente seguro de que puedes costear una hipoteca de equis cantidad, pero si el banco no está dispuesto a prestarte esa cantidad, no vas a llegar muy lejos en este mercado. Y la realidad del caso es que antes de que te entrevistes con un profesional de hipotecas y esa persona evalúe tu situación, no vas a tener la certeza de hasta qué punto te va a ayudar un banco.

Cuando te entrevistes con un asesor hipotecario —que es lo que debes hacer cuando sales a buscar financiamiento— es cuando sabrás exactamente cuánto podrás pedir prestado y cuánto te va a costar el préstamo. Saber todo esto por anticipado no solamente es inteligente de tu parte —es el único modo sensato de proceder. Te vas a ahorrar tiempo, esfuerzo y posiblemente dolores de cabeza cuando empieces a considerar en firme el mercado de bienes raíces. Y aun más importante: si te preocupa comprar en un mercado sobrevalorado que perjudique tu inversión de bienes raíces, lo mejor que puedes hacer para poner tu inversión a prueba de esa situación es encontrar el financiamiento correcto.

Recuerda, no es suficiente que puedas costear tu casa —¡al final, *también tienes que poder pagar tu hipoteca!*

CÓMO SUPERAR EL MIEDO

Para la mayoría de nosotros, comprar una casa es la mayor decisión financiera que vamos a hacer en nuestras vidas. Aunque no sea la primera vez que lo hayas hecho —aun si has comprado dos, tres o más casas en el transcurso de tu vida— es un gran, gran paso a tomar. Y estos grandes pasos pueden llenarnos de temor.

Entonces, ¿cómo puedes superar este miedo? Bueno, una forma es documentarte debidamente para que estés seguro de lo que vas a hacer. *Eso es lo que haces en este momento.* El hecho es que gracias a este libro, vas a saber más sobre cómo comprar una casa y obtener una hipoteca que el 95 por ciento de la población. Y puedes profundizar lo que aprendas aquí si buscas la asesoría de un profesional experto que te ayude a evaluar las muchas opciones disponibles.

Las circunstancias de cada persona son diferentes. Yo puedo servir como tu entrenador y guía y darte ánimo y explicarte los pormenores de lo que frecuentemente parece complicado y confuso. Pero si no conozco los detalles de tu situación, no puedo decirte si un tipo de hipoteca en particular resultaría mejor para ti que otro. Un buen asesor hipotecario, *que te conozca a ti y a tus finanzas,* sí puede.

En este capítulo te enseñaré primero cómo encontrar esta persona —y luego cómo trabajar con él o ella para asegurarte de que vas a conseguir la mejor hipoteca posible.

LOS ASESORES HIPOTECARIOS —QUIÉNES SON Y QUÉ HACEN

Existen dos tipos básicos de asesores hipotecarios. El primer tipo es el que se conoce como banquero hipotecario y trabaja con frecuencia en un banco u otra institución de préstamos. Tiene la licencia para hacer préstamos directos al cliente.

El segundo tipo de asesor hipotecario es el agente hipotecario. Dichos agentes hipotecarios realmente no prestan dinero ellos mismos, sino que te conectan con los bancos y otras instituciones de préstamos y te ayudan para que te aprueben el préstamo.

Los banqueros hipotecarios y los agentes hipotecarios tienen en común el hecho de que son vendedores. Ambos se ganan la vida conectando a los clientes que buscan una hipoteca (tú) con las instituciones que ofrecen hipotecas (bancos y otras instituciones de préstamos que les pagan por su servicio). De modo que, sin duda, tienen incentivo económico para venderte algo. Sin embargo, los que son buenos saben que nadie se beneficia cuando se convence a un cliente de que saque una hipoteca que no es la acertada para su situación. *Luego entonces, la pregunta es cómo encontrar uno que sea bueno.*

EL BANQUERO HIPOTECARIO VS.
EL AGENTE HIPOTECARIO

La próxima vez que visites tu banco, menciónale a uno de los cajeros que estás interesado en obtener una hipoteca. Lo más seguro es que te va a llevar hasta un escritorio en la parte delantera del banco donde te van a presentar a un agradable señor o señora que ostenta el título de "consejero hipotecario", "entrenador para compradores de casas" o algo por el estilo que suene igual de simpático. Por lo general, esta persona es un banquero hipotecario. Su función es ayudarte en el proceso de solicitar una hipoteca. Ellos analizarán tu situación financiera, así como tus necesidades y metas, y te guiarán a lo largo del proceso de obtener una hipoteca. Pregúntale a esta persona si es un banquero hipotecario o un agente hipotecario. Si sabes cuál de los dos es, te será más fácil entender cuál es su función.

Cuando trabajas con un banquero hipotecario, trabajas con un banco que presta dinero directamente a ti: Esto tiene varias ventajas. Para empezar, el gobierno regula muy de cerca su conducta y sus métodos de llevar a cabo el negocio. Por otra parte, si sucede que la compañía hipotecaria es un banco y ya tú tienes una cuenta con ellos, puede que te ofrezcan un descuento de "buen cliente" en la tasa de interés de la hipoteca que puede ahorrarte miles de dólares en interés a lo largo del préstamo. Igualmente, los bancos nacionales con frecuencia se ocupan ellos mismos de dar el "servicio" a sus propios préstamos (es decir, manejar las facturas mensuales) en vez de externalizarlo a alguna compañía de la que nunca has oído hablar. Lo hacen porque quieren asegurarse de que vas a estar bien atendido, para que así vuelvas a ellos la próxima vez que necesites un préstamo.

El hecho de trabajar con un banquero hipotecario puede también resultar ventajoso a la hora de refinanciar. (Refinanciar es obtener una hipoteca nueva con una tasa de interés más baja para pagar tu hipoteca presente.) Como ya están familiarizados contigo y con tu casa, con frecuencia puedes refinanciar en cuestión de minutos a un costo más bajo. Yo una vez refinancié mi casa con mi banco mientras estaba tirado al borde de una piscina en Hawai. Todo el proceso duró diez minutos y me ahorré miles de dólares.

Por último, si lo que quieres es comprar tu primera casa, te puede ser útil trabajar con un prestamista directo, ya que la mayoría se especializa en ayudar a los compradores que compran casa por primera vez, y puede que te ofrezcan programas especiales que te faciliten el obtener una hipoteca.

En comparación, un agente hipotecario no trabaja con un solo banco. Normalmente, son asesores independientes, aunque puede que trabajen para una compañía nacional grande. *La diferencia clave entre un agente hipotecario y un banquero es que un agente hipotecario puede presentarle tu préstamo a varios bancos hipotecarios.* A diferencia de un banquero hipotecario, que representa a la compañía para la cual trabaja, un agente hipotecario no representa a ningún banco en particular. De modo que, además de estudiar tu situación financiera, va a mirar las diferentes hipotecas que ofrecen distintas compañías. A esto lo llaman con frecuencia "comparar" tu préstamo para obtener el mejor negocio.

El sentido común dice que un agente hipotecario que compara tu solicitud estará en mejor posición para ayudarte con el préstamo que un banquero hipotecario, quien está ligado a una sola institución. Sin embargo, éste no siempre es el caso. Como indiqué anteriormente, si eres cliente de un banco nacional quizás puedas obtener mejores términos que con lo que te gestione un agente hipotecario. Esto se debe a que muchos bancos ofrecen descuentos a sus clientes habituales. Una vez dicho esto, los bancos también obtienen muchos negocios a través de los agentes hipotecarios, y por lo tanto les hacen ofertas especiales a ellos también para que les sigan llevando clientes.

La ventaja principal de usar un agente hipotecario es que con frecuencia se especializan en un tipo de hipoteca. Hay agentes hipotecarios que se especializan en casas de lujo, o en personas que trabajan por su cuenta, o en un tipo de producto hipotecario en particular con el cual un banquero hipotecario puede no estar familiarizado.

CÓMO COBRA SU DINERO TU BANQUERO O AGENTE HIPOTECARIO

Ya sea que escojas un banquero o un agente hipotecario, ninguno de los dos te va a ayudar gratis. Y, por supuesto, tú no esperarías que así fuera. El hecho es que, por lo general, ellos dedican horas a revisar tus finanzas, a organizar los documentos de tu solicitud y a guiarte a través del complicado y extenso proceso de conseguirte una hipoteca. Van a ocuparse del papeleo y van a tratar de que tú mantengas la calma (algo difícil si estás en proceso de comprar tu primera casa o propiedad de inversión).

Usualmente, tanto un banquero hipotecario como un agente hipotecario cobra una comisión cuando se firma el préstamo hipotecario. ¿Quién paga la comisión? Por regla general, tú, el prestatario —aunque no siempre te des cuenta, ya que por regla general el costo de la comisión se incluye y amortiza en el costo del préstamo.

PUNTOS O NO PUNTOS —TÚ ESCOGES

En ciertos casos, van a informarte de que si te aprueban la hipoteca tendrás que pagar cierto número de "puntos" por anticipado. (Un punto es el 1 por ciento de la cantidad total del préstamo que solicitaste; por ejemplo, dos puntos de una hipoteca de $500.000 son

$10.000.) Estos puntos son el cargo que tú pagas por la labor que ha hecho tu banquero o agente para conseguirte la hipoteca.

Algunas veces no hay puntos. Las hipotecas "sin puntos" son cada vez más populares, y hoy día son las que prefieren la mayoría de los prestatarios. Personalmente, yo nunca he pagado ni un punto por un préstamo. Pero eso no significa que haya conseguido los préstamos gratis. En un préstamo sin puntos, la comisión normalmente se incluye en el préstamo porque el interés es ligeramente más alto. Digamos que el banquero o el agente te ofrece una hipoteca de treinta años al 6 por ciento. Pudiera muy bien ser que ellos, en realidad, han procurado una hipoteca al 5,5 por ciento de interés y te van a cobrar medio por ciento más para quedarse con la diferencia. Esto se conoce como el margen de rendimiento —*y es perfectamente legal.*

La mayoría de las veces, el asesor hipotecario no va a decir voluntariamente cuál es el margen de rendimiento. Aun así, no hay nada malo en preguntarle a tu asesor cómo va a cobrar su dinero. Mi sugerencia es que evites pagar "puntos" si es posible, a no ser que tengas pensado conservar la propiedad por mucho tiempo (digamos, más de diez años) y quieras reducir tu tasa de interés. Cuando pagas puntos adicionales (lo que se llama "puntos de descuento"), absorbes la comisión por anticipado y pagas parte del interés por anticipado.

CÓMO ENCONTRAR UN ASESOR HIPOTECARIO DE CONFIANZA

No todos los asesores son iguales. Tu meta es trabajar con un profesional de primera en quien puedas confiar.

¿Y cómo encuentras uno? Toda la gente que conozco que sabe mucho de finanzas dice lo mismo: pídele una recomendación a alguna amistad que esté en el negocio, a un agente de bienes raíces, a un abogado o a alguien que conozcas que haya tenido una buena experiencia al solicitar una hipoteca.

Bueno, eso está bien si conoces a alguien así. Pero, ¿y si no?

He aquí lo que recomiendo. Si ya tienes una cuenta en un banco nacional (o hasta en uno local), empieza por ahí. Ve al banco y pide conocer al especialista en préstamos. Haz que asesoren tu situación y evalúa lo que pueden ofrecerte. Pregúntales si te pueden dar una tasa preferencial en base a tu "relación bancaria" con ellos. Esto puede sonar como una tontería si tu cuenta es muy pequeña, ¡pero nunca sabrás lo que te pueden ofrecer si no les preguntas! Y puede que la respuesta sea un "¡Sí!" rotundo.

Entonces, para que te asegures de que tu banco en verdad va a ayudarte lo más posible, habla con algunas compañías de hipotecas. ¿Cómo puedes encontrar una? Simplemente, busca en Internet o en la sección de bienes raíces del periódico de tu localidad. Lee los anuncios y averigua qué ofrecen (incluyendo los bancos nacionales). Mira los anuncios y fíjate cuál promoción se aplica a ti. Por ejemplo, algunas compañías enfatizan que trabajan con personas que van a comprar casa por primera vez, mientras que otras especifican que se especializan en préstamos sustanciales (en el momento que escribo este libro, préstamos sustanciales son aquellos que se encuentran por encima del máximo de $359.650 que establece el gobierno).

Una vez que hayas identificado un asesor hipotecario que te parezca el indicado, llámalo y haz una cita para hablar de tu situación.

A continuación aparece una lista de preguntas que debes hacerle al asesor hipotecario con el que te entrevistes. También debes hacerle estas preguntas a cualquier asesor que te hayan recomendado.

La lista no te debe tomar más de diez minutos —y, créeme, el esfuerzo vale pena. Ten en mente que escoger una hipoteca puede ser la decisión financiera más importante que tomes. Si te ahorras tan sólo un 1 por ciento en la tasa de interés en una hipoteca de $200.000, eso puede significar un ahorro de $50.000 a lo largo del préstamo. Así que tómate tu tiempo en escoger el mejor asesor que puedas encontrar.

CINCO PREGUNTAS QUE TE AYUDARÁN A ESCOGER EL MEJOR ASESOR HIPOTECARIO

PREGUNTA NO. I: ¿CUÁNTO TIEMPO LLEVA EN LA INDUSTRIA?

Es importante saber cuánta experiencia tiene tu asesor hipotecario. Escoger una hipoteca es una decisión demasiado importante como para que trabajes con un novato (que me perdonen los que acaban de empezar en la industria). Tu asesor hipotecario debe tener tres años de experiencia como mínimo, y más si es posible. Además, pregúntales cuántos préstamos gestionaron el año anterior, qué tipo de hipotecas recomiendan, y por qué. Asegúrate de preguntar si las hipotecas que manejaron fueron por compra o por refinanciamiento. Si lo que quieres es comprar tu primera casa y la experiencia del asesor es más bien en refinanciamientos, puede que éste no sea la persona indicada para tu caso. Un asesor hipotecario serio y responsable debe haber gestionado al menos veinticuatro hipotecas por compra el año anterior; mientras más alto el número, mejor.

PREGUNTA NO. 2:
¿CUÁL ES EL PROCESO PARA TRAMITAR
LA HIPOTECA QUE HE SOLICITADO?

Solicitar una hipoteca se parece mucho a solicitar ingreso en una universidad. Hay todo tipo de formularios que llenar, calificaciones de las que preocuparse y opciones a escoger. Sobre todo, es importante que te asegures de que tus expectativas concuerden con tus habilidades. Dile al banquero o al agente que te explique detalladamente cuál es el proceso que va a seguir para ayudarte a lograr todo esto. También debes preguntarle si te va a ayudar a que te "pre-aprueben" para una hipoteca (un compromiso en firme de que te van a prestar el dinero), cuánto se puede demorar aproximadamente y si todo esto conlleva el pago de una comisión. Te voy a explicar este importante paso en breve más adelante, pero por lo pronto debes saber que si la respuesta es, "No, pero puedo gestionar que te pre-califiquen" (lo cual no es un compromiso en firme), no debes trabajar con este agente o banquero.

PREGUNTA NO. 3:
¿QUÉ TIPO DE PRÉSTAMOS
RECOMIENDA USTED?

Un buen asesor te dirá que recomienda préstamos en base a las necesidades particulares del cliente y de su situación. Por supuesto, algunos dicen esto y después les recomiendan el mismo tipo de hipoteca a todo el mundo. Así que pregúntale a tu posible asesor qué tipos de hipotecas prefiere y por qué. Si no te sientes cómodo con la explicación que te ofrece o si no lo entiendes, busca a otra persona.

> ### PREGUNTA NO. 4:
> ## ¿SE ESPECIALIZA USTED EN ALGÚN TIPO PARTICULAR DE CLIENTE O DE PRODUCTO?

Algunos profesionales en el campo de las hipotecas trabajan con personas que compran casa por primera vez. Otros trabajan sobre todo con inversionistas experimentados. La clave es encontrar un especialista en hipotecas que trabaje con compradores como tú. Y es más, el tamaño y el tipo de préstamo en el cual él o ella se especializa debe ser consistente con el tipo de hipoteca que tú necesitas. Obviamente, si tus fondos son limitados y planeas comprar una casa modesta, no querrás involucrarte con un asesor que se especializa en clientes de casas de lujo que buscan financiar mansiones de varios millones de dólares. De igual forma, si te interesa una hipoteca que permita un pago inicial bajo o una hipoteca donde se paga interés solamente, te conviene conectarte con un banquero o agente que haya demostrado tener experiencia en este campo.

> ### PREGUNTA NO. 5:
> ## ¿PUEDO CONTAR CON UN BUEN SERVICIO ANTES Y DESPUÉS DE QUE ME DEN LA HIPOTECA?

En verdad, hay dos fases en el proceso de obtener una hipoteca: antes de que te den el préstamo y después. Es importante que se ocupen bien de ti durante ambas fases. He aquí cómo puedes asegurarte de que así sea.

LA FASE "PREVIA"

La aprobación de una hipoteca y la finalización, o "cierre", de la compra de una casa es un proceso que normalmente tarda unas semanas (y algunas veces, meses) en completarse. Durante este plazo de tiempo, debes estar en contacto con tu asesor hipotecario y/o la compañía con regularidad.

He aquí lo que debes preguntarle a un posible agente o banquero hipotecario para determinar si te darán el trato debido mientras esperas que te aprueben:

- ¿Se pondrá usted en contacto conmigo con regularidad durante el proceso de aprobación?
- ¿Cómo puedo contactarlo si necesito información? (Un buen asesor aconseja que lo contacten siempre que el prestatario lo necesite, y debe proveer información completa sobre dónde se le puede encontrar, con números de teléfono y correo electrónico.)
- Si usted no está disponible, ¿a quién puedo llamar si necesito ayuda?
- ¿Lleva a cabo su compañía encuestas sobre satisfacción del cliente? ¿Cuáles han sido los resultados? ¿Qué puntuación ha recibido USTED como asesor? (Una compañía que se preocupa de sus clientes se interesa en estos datos —y muchas veces los publica.)

LA FASE "DESPUÉS"

Haber firmado la hipoteca no sólo significa que has conseguido un préstamo. Significa que has comenzado una relación que pudiera durar años.

He aquí lo que debes preguntarle a un posible agente o banquero hipotecario para determinar si te van a tratar debidamente después que hayas obtenido la hipoteca y finalizado la compra.

- ¿Ustedes mismos van a darle servicio a mi hipoteca (o sea manejar las cuentas mensuales) después de que se haga el cierre, o van a venderle el servicio a otra compañía? (Por lo general, el mejor servicio te lo darán aquellos prestamistas que se ocupen de sus propias hipotecas. Sin duda, ésa ha sido mi experiencia.)
- ¿Son fáciles de leer las cuentas mensuales que ustedes envían? ¿Me pudieran facilitar una de muestra?
- ¿Puedo revisar la cuenta de mi hipoteca por Internet?
- ¿Tienen ustedes el servicio de contestadora para obtener información sobre la hipoteca (es decir, servicio telefónico automático al que se pueda llamar para averiguar el saldo actual)?
- ¿Puedo hacer pagos adicionales que se apliquen al capital? ¿La cuenta mensual que me envíen mostrará claramente cómo han aplicado los pagos adicionales que yo haga a mi hipoteca?
- Si tengo algún problema con mi hipoteca, ¿a quién puedo llamar para que me ayude?
- ¿Qué sucede si me atraso en el pago de la hipoteca? ¿Habrá alguna penalidad?
- ¿Qué sucede si se me presenta una situación a largo plazo (tal como la pérdida de mi trabajo, un problema médico crónico o un desastre natural) que me impida hacer el pago de mi hipoteca?
- ¿Me informarán sobre opciones para refinanciar? ¿Van a buscar activamente la manera de que yo ahorre dinero en mi hipoteca si las tasas de interés bajan? (Una compañía

hipotecaria inteligente se va a valer de un sistema que le permita mantenerse en contacto contigo para hacer negocio en el futuro.)

SI NO TE SIENTES CÓMODO, SIGUE BUSCANDO

Las respuestas a estas preguntas te deben dar una idea de si el profesional hipotecario con el cual te has entrevistado es el indicado para ti. Una buena relación personal entre ustedes también cuenta. Vas a hablar de muchos temas personales y confidenciales con tu asesor hipotecario, de modo que si no te sientes cómodo con él o ella, la relación no va a funcionar.

Y no te resignes al menor de dos males. Si ninguno de los profesionales con los que te has entrevistado te resulta, dales las gracias por el tiempo que te dedicaron y sigue con tu búsqueda.

ES HORA DE BUSCAR UNA HIPOTECA

Es increíble hasta dónde has llegado. A estas alturas, sabes cuánto puedes gastarte en una casa. Sabes cuánto dinero en efectivo tienes que tener para el pago inicial, los costos de la compra y el dinero que debes tener de reserva. Y has encontrado un asesor hipotecario que te puede ayudar en el proceso mismo de conseguir una hipoteca. Así que comencemos. Estás listo para decidir cuál hipoteca es la apropiada para ti.

PASOS DE ACCIÓN PARA EL MILLONARIO AUTOMÁTICO DUEÑO DE CASA

Para repasar las medidas que hemos presentado en este capítulo, he aquí lo que debes hacer ahora mismo para encontrar un asesor hipotecario en quien puedas confiar —y prepararte para comprar una casa.

❏ Piensa si conoces a alguien que te pueda recomendar un banquero o agente hipotecario con quien esa persona haya trabajado.

❏ Revisa en Internet los anuncios en el periódico para encontrar un asesor hipotecario que cuadre con tus necesidades y haz una cita para entrevistar a él o ella. Haz lo mismo en tu banco.

❏ En base de tus averiguaciones y tu entrevista con al menos un banquero hipotecario o un agente hipotecario, elige un asesor hipotecario con quien trabajar.

❏ Visita **www.finishrich.com/homeowner/chapterfour** para escuchar el audio en inglés gratis de este capítulo.

CAPÍTULO CINCO

UN PLAN HIPOTECARIO JUSTO A LA MEDIDA PARA UN MILLONARIO AUTOMÁTICO DUEÑO DE CASA

Hay literalmente miles de tipos de hipotecas para escoger. La pregunta es cuál es la indicada para ti. No te preocupes si no tienes la menor idea de cómo contestar esa pregunta. Podrás hacerlo cuando hayas terminado de leer este capítulo.

Y bien, ¿qué es exactamente una hipoteca? Simplemente, es un préstamo que tú obtienes —normalmente de un banco o de otra institución financiera, pero a veces del mismo vendedor— con el fin de poder comprar una casa u otro tipo de bienes raíces. Lo que hace que sea una hipoteca en vez de un préstamo normal es que lo que usas como colateral para garantizar el reembolso del préstamo es la misma propiedad que vas a comprar con el dinero que has pedido. Supongamos que decides comprar una casa de $200.000, y digamos que tienes suficiente dinero en el banco para dar en efectivo el 20 por ciento del precio de venta ($40.000). Esto significa que vas a necesitar pedir prestados $160.000 para cerrar la compra. Este préstamo de $160.000 va a ser tu hipoteca. Le pagas al vendedor $40.000 en efectivo, la compañía hipotecaria le da otros $160.000, y tú obtienes el título legal de la casa —con una condición. Si no pagas la hipoteca como prometiste, la compañía hipotecaria puede ejecutar la hipoteca, desalojarte de la casa y hacer que el alguacil venda en subasta pública la que antes era —y ya no es— tu propiedad, para así recuperar el dinero que pueda.

En el caso de que sí pagues a tiempo, con el paso del tiempo aumentará el valor acumulado de tu casa. El valor acumulado de tu casa es básicamente la parte del valor de tu casa que te pertenece. Para calcularlo, debes tomar el valor justo de mercado y restarle el importe de las hipotecas que hayas obtenido contra la propiedad. Si volvemos al ejemplo que usé antes, una hipoteca de $160.000 en una propiedad que vale $200.000 te deja $40.000 en valor acumulado (lo cual tiene sentido, ya que ésa es la cantidad exacta que diste de pago inicial). De hecho, hay dos maneras de aumentar el valor acumulado de tu casa: una es mediante la liquidación de tu hipoteca, y la otra es cuando aumenta el valor de tu casa.

CÓMO FINANCIAR TU CASA EN TRES PASOS —CÓMO FUNCIONA UNA HIPOTECA

Las hipotecas tienen tres componentes básicos. Está el monto de la hipoteca (el dinero que pides prestado), el plazo de la hipoteca (cuánto tiempo tienes para saldarla) y el costo de la hipoteca (qué interés te ha dado la compañía hipotecaria). La mayoría de las hipotecas son de quince o treinta años (tú escoges), mientras que la tasa de interés depende tanto del estado actual de la economía nacional como de tu propia situación financiera, tu historial de crédito y si vas o no a ocupar la casa que vas a comprar.

Cuando solicitas una hipoteca, puede que el agente o banquero prepare un programa de pago —al que se le llama tabla de amortización del préstamo— que refleja cómo se van a aplicar tus pagos mensuales a la deuda. Excepto en el caso de las hipotecas donde se paga sólo interés (lo cual explicaré más adelante), una parte de cada pago se aplica a los cargos del interés que debes, mientras que el resto se usa para pagar la cantidad que en efecto pediste prestada —lo que los banqueros llaman el capital o el *principal*. En términos generales, durante los primeros años de una hipoteca, la porción del interés de tu pago mensual es mucho mayor que la porción del capital. Pero con el tiempo, y después que comienza a disminuir la cantidad de capital que debes, las proporciones cambian y una cantidad mayor de cada pago va a pagar el saldo del capital hasta que al final, prácticamente todo va a pagar el capital y casi nada al interés.

Es importante saber esto, porque cuando se trata de tu propia casa (en comparación con una propiedad para alquilar), la porción del interés del pago de tu hipoteca casi siempre es deducible de impuestos; mientras que la porción del capital no lo es. Otra razón por la cual prestarle atención a la tabla de amortización, como veremos en el Capítulo Nueve, es que puedes ahorrarte bastante dinero si saldas la hipoteca antes de lo que estipula la tabla. (Sin embargo, algunas hipotecas tienen restricciones con respecto al monto del pago e incluyen lo que se llama "penalidad por cancelar el préstamo antes de su vencimiento", y te cobran un sobrecargo si quieres saldar tu hipoteca por anticipado. Por lo general, debes tratar de evitar las hipotecas que llevan estas penalidades, a menos que tienen una característica particular que requieres.)

¿QUÉ TIPOS DE HIPOTECAS EXISTEN, Y CUÁL ES LA INDICADA PARA TI?

Aquí es donde nuestro recorrido se pone emocionante —y tal vez un poco alarmante.

Encontrar una hipoteca puede ser emocionante, porque en los últimos años la industria de préstamos hipotecarios ha creado todo tipo de productos creativos que facilitan no sólo la compra de una casa, sino también la posibilidad de comprar una casa más cara y mejor, debido a que se puede tomar más dinero prestado.

Esto a su vez puede resultar alarmante. Existen tantos productos hipotecarios y estilos de financiamiento que la cabeza termina dándote vueltas. Y si no tienes cuidado y escoges la hipoteca equivocada, te puedes perjudicar.

Lo bueno es que aunque hay más productos para escoger que nunca antes, sólo unos pocos factores determinan cuál hipoteca es la adecuada para ti. ¿Te gustan los riesgos o eres conservador? ¿Cuánto tiempo piensas quedarte con la casa que quieres comprar? ¿Es tu sueldo (o tus ingresos) fijo o errático? ¿Crees que tus ingresos van a aumentar significativamente, o ya estás en un punto de madurez en tu carrera? ¿Tienes el dinero para el pago inicial?

Vamos a comenzar por analizar las hipotecas más básicas, y después avanzaremos a las más creativas e interesantes —siempre con el enfoque de cuál es la mejor para ti.

¿Estás listo?

Magnífico: empecemos.

HIPOTECAS DE INTERÉS FIJO

Las hipotecas de interés fijo son el producto más básico de la industria hipotecaria. La mayoría de ellas tiene un plazo de quince o treinta años —y las de treinta años son definitivamente las más populares. (Esto es debido a que, para poder saldar la hipoteca en la mitad del tiempo, los pagos mensuales de una hipoteca de quince años son del 35 al 40 por ciento más altos que en una hipoteca de treinta años.)

La característica principal de una hipoteca de interés fijo es que la tasa de interés se mantiene igual durante el plazo del préstamo. El banco te garantiza que tu tasa de interés —y, junto con ella, el monto de tu pago mensual— no va a cambiar, ya sea la hipoteca de quince o treinta años. Cuando las tasas de interés están bajas, obtener una hipoteca donde el interés es inalterable durante quince o treinta años es muy buena idea, sobre todo si piensas vivir en la casa durante más de cinco años. Es sin duda la forma más conservadora de actuar. Con un interés fijo, nunca vas a desvelarte con la preocupación de que tus pagos mensuales van a subir. Simplemente no pueden subir —¡porque es fijo!

Una hipoteca de interés fijo también puede resultar atractiva cuando no esperas que tus ingresos aumenten mucho en un futuro, ya sea porque ya no vas a llegar mucho más lejos en tu carrera, o porque tú o tu cónyuge planean dejar de trabajar.

Más adelante aparece un gráfico que enseña las tasas de interés de los últimos cincuenta años. Podrás ver que durante el período 2000-2005 estuvieron más bajas que en los cuarenta años anteriores.

En vista que escribo esto en el verano de 2005, cuando las tasas de interés en una hipoteca de treinta años están alrededor del 5,75 por ciento, pienso que ahora es un MAGNÍFICO momento para congelar un interés fijo a largo plazo. ¿Pero quién sabe dónde estarán las tasas de interés cuando leas esto? Analiza el siguiente gráfico. Te va a dar una perspectiva histórica sobre qué pensar de las tasas actuales. Si llegan a 7,5 por ciento fijo en hipotecas de treinta años, muchas personas tal vez te digan que están "muy altas" para congelarlas. De hecho, si miras la tabla, podrás ver que, históricamente, 7,5 es bastante bajo. Y si bajan significativamente en algún momento a lo largo del camino (como muy probablemente va a suceder), siempre puedes refinanciar. (Refinanciar a veces puede costarte bastante en cargos relacionados, pero si puedes conseguir un interés mucho mejor, puede valer la pena a lo largo del préstamo.)

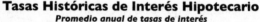
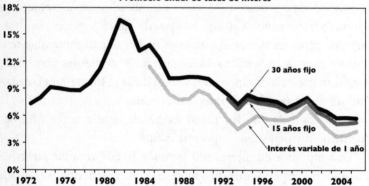

Tasas Históricas de Interés Hipotecario
Promedio anual de tasas de interés

Las tasas que aparecen son aquellas a las que se comprometió el prestamista en un préstamo convencional. El estudio sobre hipotecas con interés variable comenzó en 1984; el estudio sobre hipotecas de interés fijo a quince años comenzó en 1991.

Los promedios para el año 2005 abarcan hasta el 20 de octubre.

Fuente: Freddie Mac

¿Es una hipoteca fija de treinta años la adecuada para ti? Analicemos por separado las versiones de treinta años y de quince años.

TASA DE INTERÉS FIJO A TREINTA AÑOS

Ventajas: Te congela la tasa de interés, así que estás protegido si las tasas suben. Los pagos son iguales todos los meses. Son fáciles de seguir, observar y hacer automáticamente.

Desventajas: Estás comprometido a un mismo interés durante treinta años, lo cual quiere decir que si las tasas bajan, no podrás ahorrarte dinero, a no ser que hagas un refinanciamiento.

Lo esencial: Si eres conservador, valorizas la paz mental y planeas permanecer en la casa durante mucho tiempo (durante por lo menos siete a diez años), una hipoteca fija de treinta años ofrece muchos beneficios.

TASA DE INTERÉS FIJO A QUINCE AÑOS

Ventajas: La tasa de interés en una hipoteca de quince años es más baja que en una de treinta años. Terminas de pagar tu casa y eliminas la deuda en quince años. También es fácil de seguir, observar y hacer automáticamente.

Desventajas: Los pagos mensuales son más altos que en una hipoteca de treinta años.

Lo esencial: Si ahorras en firme y planeas permanecer en la casa durante más de diez años, ésta es la hipoteca que te conviene. Puedes congelar el interés y no tener más deudas dentro de una década y media.

HIPOTECAS DE INTERÉS AJUSTABLE (ARM)

Las hipotecas de interés ajustable, que normalmente se conocen como ARM (por las siglas en inglés de *Adjustable-Rate Mortgages*), son normalmente de treinta años y su tasa de interés es fija durante un período de tiempo que es inferior al plazo completo. La más popular es la ARM de 5/1. Esto significa que la tasa que te dan al principio es fija solamente durante los primeros cinco años. Después de ese tiempo, se ajusta una vez al año (esto es lo que significa el "1"), según el movimiento de algún indicador clave de la economía del país (tales como una Letra del Tesoro, LIBOR [*London Inter Bank Offered Rate*] o el Índice del Coste de Fondos [*Cost of Funds Index*]) que se especifica en el acuerdo hipotecario. También son populares las ARM de 7/1 y de 10/1, en las cuales la tasa de interés es fijo en el período inicial de siete o diez años, respectivamente. También hay hipotecas ajustables a corto plazo, cuyas tasas se congelan por períodos tan cortos como un mes, seis meses, un año o tres años.

POR QUÉ GUSTAN LAS HIPOTECAS DE INTERÉS AJUSTABLE

La ventaja de una hipoteca ajustable es que generalmente ofrece una tasa de interés más baja que una hipoteca fija comparable —al menos durante el período inicial. La desventaja es que cuando termina el período inicial, cualquier cosa puede pasar. Si las tasas de interés suben, tu pago mensual va a subir con ellas. Y si suben más, tu pago también. Por otra parte, si las tasas bajan, tu pago va a bajar. Las hipotecas ajustables han resultado muy buenas para muchos propietarios durante el período 2000-2005 porque en esta época las tasas bajaron y se han mantenido bajas. Pero las cosas pueden cambiar. Entre 2004 y mediados de 2005, la Reserva Federal subió la tasa de los fondos federales doce veces, y en la actualidad las tasas en la mayoría de las hipotecas ajustables han empezado a subir también. Lo importante es recordar que no hay garantías. De modo que si no te gusta la incertidumbre, o si no puedes contar con que vas a tener más dinero que ahora para dedicarle al gasto de tu hipoteca, una hipoteca ajustable no es lo que más te conviene.

ASEGÚRATE DE AVERIGUAR EL MARGEN DE TU PRÉSTAMO

El modo en que se ajustan las hipotecas de tasa ajustable puede lucir complicado, pero el proceso es en realidad muy sencillo si sabes en qué enfocarte. Si tienes un ARM, lo más probable es que el acuerdo hipotecario va a decir algo así: Su tasa de interés va a ser del 5 por ciento durante cinco años, tras los cuales se ajustará al 2,5 por ciento por encima del índice del Tesoro (las tasas de interés de un bono del gobierno de los Estados Unidos), o el índice que siga tu préstamo en particular. Este 2,5 por ciento es lo que se conoce como el margen.

Digamos que el índice de tu tasa de interés es del 5 por ciento al terminar tus cinco años iniciales. Si le sumas a eso un margen del 2,5 por ciento, la tasa de interés en tu hipoteca va a ser del 7,5 por ciento —¡un aumento del cincuenta por ciento! Después de haber tenido tasas de interés bajas durante años, esto puede resultar difícil de creer. Pero confía en lo que te digo —las tasas, así como bajan, también suben.

Cuando estés en busca de una hipoteca con tasa ajustable, hay tres cosas que debes tomar en cuenta antes de tomar cualquier decisión: compara los márgenes, la tasa inicial y el plazo que dura la tasa fija.

¿Crees que una hipoteca de tasa ajustable es la indicada para ti?

Tomemos en cuenta los ARM a corto plazo y a plazo intermedio por separado.

ADVERTENCIA —EL PELIGRO DE LOS ARM

En medio de la explosión de hipotecas, mi preocupación principal es que demasiadas personas solicitan los ARM a corto plazo con tasas de interés iniciales muy bajas con el fin de comprar casas más costosas de lo que en realidad pueden permitirse. Si las tasas suben, puede que muchos de estos compradores se queden sin dinero suficiente para pagar la hipoteca debido al alza del monto mensual. La tabla a continuación refleja lo que puede suceder si tienes un ARM en una situación en que las tasas van en aumento.

PAGOS MENSUALES DE CAPITAL E INTERÉS EN UNA HIPOTECA AJUSTABLE DE UN AÑO

Con una tasa inicial del 5% y un aumento anual del 0,5%

Año	Tasa	Monto original del préstamo				
		$100.000	$200.000	$300.000	$400.000	$500.000
I	5,0%	$537	$1.074	$1.610	$2.147	$2.684
2	5,5%	$567	$1.134	$1.701	$2.268	$2.835
3	6,0%	$597	$1.195	$1.792	$2.389	$2.987
4	6,5%	$628	$1.255	$1.883	$2.510	$3.138
5	7,0%	$658	$1.315	$1.793	$2.631	$3.288
6	7,5%	$688	$1.375	$2.063	$2.750	$3.438
7	8,0%	$717	$1.435	$2.152	$2.870	$3.587
8	8,5%	$747	$1.494	$2.241	$2.988	$3.734
9	9,0%	$776	$1.552	$2.328	$3.104	$3.880
10	9,5%	$805	$1.610	$2.415	$3.220	$4.025

LOS ARM A CORTO PLAZO
(DE TRES AÑOS O MENOS)

Ventajas: Al principio la tasa de interés está a tu favor por lo que, al menos inicialmente, los pagos mensuales van a ser mucho más bajos con esta hipoteca que con muchos otros préstamos.

Desventajas: Si las tasas de interés suben repentinamente, puedes encontrarte en una situación precaria a la hora de hacer los pagos.

Lo esencial: Un ARM a corto plazo es muy buen negocio si las tasas se mantienen bajas, si el comprador desea mantener sus pagos mensuales a un mínimo, si puede manejar el riesgo y si no piensa vivir en la casa más de cinco años. Pero no es una buena idea si piensas que las tasas de interés van a subir en un futuro cercano y no crees que tus ingresos van a subir a un ritmo similar.

LOS ARM A PLAZO INTERMEDIO
(5/1, 7/1 ó 10/1)

Ventajas: Una tasa de interés relativamente baja.

Desventajas: Puedes congelar la tasa sólo por un tiempo limitado. Después, si las tasas suben, el pago mensual de tu hipoteca también va a subir.

Lo esencial: Un ARM a plazo intermedio es muy bueno para un comprador que desea que sus pagos mensuales sean bajos y que no planea conservar la propiedad por mucho tiempo, o bien piensa que las tasas van a subir temporalmente, pero que al final van a bajar.

HIPOTECAS "SIN PAGO INICIAL" O "COMBINADAS"

¿Te acuerdas en la introducción, cuando conté la historia de Karen y cómo ella quería comprar una propiedad después de haber leído un libro sobre el tema? Nos enfrascamos en una conversación sobre si en verdad se puede o no comprar una casa "sin pago inicial" como lo anuncian en los infomerciales. Hice una encuesta entre los presentes y encontré que sólo dos personas de cien lo habían logrado.

Bien, eso fue hace casi diez años. Si hiciera una encuesta similar hoy en día, los resultados serían muy diferentes. Esto es debido a que, increíblemente, hoy día numerosos bancos nacionales y otras instituciones de préstamo respetables ofrecen sencillas hipotecas "sin pago inicial", y miles de compradores se han anotado para solicitarlas. De hecho, según la Asociación Nacional de Agentes de Bienes Raíces, entre el comienzo de 2004 y mediados de 2005, más o menos uno de cada tres nuevos dueños de casa ha comprado su casa a través de una hipoteca "sin dinero de pago inicial".

De modo que si estás interesado en comprar una casa ahora y no dentro de un tiempo, y no tienes mucho dinero ahorrado para dar de pago inicial, debes visitar la sucursal de algún banco nacional o compañía de hipotecas que esté representada en tu localidad, y preguntar allí si tienen programas de préstamos "sin pago inicial" para compradores que van a adquirir una propiedad por primera vez. Puede que te lleves la grata sorpresa de que sí los tienen y que tú eres elegible.

CONOCE LOS RIESGOS DE LAS HIPOTECAS "SIN PAGO INICIAL"

¿Qué puede salir mal si tomas prestado el precio total de compra de una casa o apartamento? La respuesta es simple: si el valor de los bienes raíces cae y no tienes valor neto acumulado en tu casa, puedes verte en una situación *¡en la que debes más de lo que vale tu propiedad!* Si te ves en necesidad de vender tu casa en estas circunstancias, no te va a ser posible obtener la cantidad que necesitas para cubrir lo que le debes al banco.

A esta situación se le llama comúnmente estar "invertido" en lo que respecta a los bienes raíces. Te sorprendería saber con qué facilidad esto puede suceder cuando las cosas salen mal. Hasta ahora, en este libro te he dado ejemplos de las ventajas de pedir dinero prestado para comprar una casa y enriquecerte en un mercado alcista. Permíteme demostrarte cuán rápido puedes empobrecerte en un mercado en baja.

Digamos que compras una casa por $300.000. Un banco te presta el costo de compra completo ($300.000), de modo que no tienes que dar nada de pago inicial. Todo va bien. Puedes hacer los pagos mensuales cómodamente. Tu familia está encantada con la casa. Piensas vivir en ella al menos diez años. Tu vida es maravillosa.

Entonces, un día, llegas a tu lugar de empleo y descubres que un competidor ha comprado la empresa donde trabajas. Una semana después, te despiden.

Debido a que ya no puedes pagar la hipoteca, pones la casa a la venta. Desafortunadamente, el mercado se ha enfriado. Tratas de vender la casa por $300.000, la cantidad que pagaste por ella (y que le debes al banco), pero no hay cómo. Tres meses después, bajas el precio a $275.000, y finalmente la vendes por $260.000. Después de que pagas la comisión del 6 por ciento a los agentes de bienes raíces, te quedas con $244.400. Eso significa que te faltan $56.000 para poder saldar tu deuda con el banco. Pero no tienes $56.000, entonces ¿ahora qué? Así es como algunas personas se ven a las puertas de la quiebra.

Esta situación parece tétrica, pero sólo supone una baja en los valores de los bienes raíces de un 15 por ciento. Durante los primeros seis meses del 2005, ¡los precios de los bienes raíces a nivel nacional subieron un 15 por ciento! ¿Tú piensas que no pueden bajar un 15 por ciento en seis meses? Espera y verás.

No te digo esto para disuadirte de comprar una casa sin dar nada de pago inicial. Para muchas personas que lean este libro, la posibilidad de conseguir una hipoteca "sin pago inicial" puede representar la diferencia entre poder comprar una casa ahora y seguir tirando dinero en alquiler durante muchos años. Personalmente, yo pienso que vale la pena exigirse el máximo a uno mismo para salirse de la rutina de pagar alquiler. Pero es necesario que sepas cuáles son los riesgos. ¡Y sí hay riesgos!

Así que si planeas comprarte una casa sin dar pago inicial, ten un plan de emergencia. Si pierdes tu empleo y tu ingreso repentinamente, ¿podrías pagar tu hipoteca hasta que logres encaminarte de nuevo? ¿O te verás forzado a vender de prisa —y quizás con resultados desastrosos? A menos que tengas una protección segura —por ejemplo, la posibilidad de que tu familia te dé un préstamo o que tengas bienes que puedas liquidar en caso de emergencia, o un programa de pagos que puedas crear con tu compañía de seguro— una hipoteca "sin pago inicial" puede resultarte muy riesgosa.

LA OPCIÓN COMBINADA

Existe un punto intermedio entre el riesgo de una hipoteca "sin pago inicial" y el gasto de una hipoteca tradicional con el requerido 20 por ciento de pago inicial. Las hipotecas que por lo general se conocen como "de bajo pago inicial" ganan más popularidad cada día, y las preferidas son las llamadas hipotecas 80/10/10 e hipotecas 80/15/5 —o más comúnmente, hipotecas "combinadas" (*piggyback mortgages*).

Un préstamo 80/10/10 te permite comprar una casa con un pago inicial de tan sólo el 10 por ciento del precio de compra: obtienes una hipoteca tradicional que cubra el 80 por ciento del precio de compra y la combinas con una segunda hipoteca o línea de crédito que cubre el 10 por ciento restante. El mismo concepto funciona con un préstamo 80/15/5, excepto que la línea de crédito cubre el 15 por ciento del precio de compra, lo que reduce tu pago inicial al 5 por ciento solamente.

Mientras que las segundas hipotecas pueden ser ajustables o fijas, la tasa de las líneas de crédito es casi siempre ajustable. Generalmente fluctúan de acuerdo a la tasa de interés preferencial, de modo que aun cuando tu hipoteca subyacente tenga una tasa fija, tu pago mensual completo puede estar sujeto a cambios. Asegúrate de preguntarle a tu asesor si la tuya lo es o no. De nuevo, como la porción de la línea de crédito representa un porcentaje relativamente pequeño de la deuda total, es poco probable que la diferencia de mes a mes sea mucha.

HAY UNA CONDICIÓN CON LAS HIPOTECAS SIN PAGO INICIAL O DE BAJO PAGO INICIAL: EL SEGURO PRIVADO DE HIPOTECAS

Como es más riesgoso prestarle dinero a aquellas personas que dan un pago inicial pequeño, las compañías hipotecarias requieren que los compradores de casa que tomen prestado más del 80 por ciento del costo de su casa saquen lo que se llama un seguro privado de hipoteca, o PMI (*Private Mortagage Insurance*). Un PMI cubre cualquier pérdida en que el banco pueda incurrir en caso de que un prestatario no pague, y no es barato. Puede ir desde $50 hasta varios cientos de dólares al mes dependiendo del monto de tu hipoteca y cuán pequeño fue tu pago inicial. (Este costo por lo general se le suma a tu pago mensual de la hipoteca.)

Afortunadamente, hay diferentes maneras de evitar tener que comprar PMI —aunque tu hipoteca sea de bajo pago inicial.

TRES MANERAS DE EVITAR EL PMI

1. **Saca una hipoteca combinada para comprar tu casa,** como son los préstamos 80/10/10 ó 80/15/5 que expliqué anteriormente. Algunas compañías hipotecarias van a aceptar la porción del préstamo que es la línea de crédito del 10 ó 15 por ciento como el equivalente de un pago inicial en efectivo, lo que te libra de tener que pagar un PMI.

2. **Haz suficientes pagos a tu hipoteca** como para disminuir el porcentaje entre el capital y el valor (relación préstamo-valor) de la propiedad por debajo del 80 por ciento (es decir, que el monto de tu hipoteca sea menos del 80 por ciento del valor de evaluación de tu casa). Normalmente, esto puede tomar años, pero hacer pagos adicionales puede acelerar el proceso. Y aunque puede que no sea fácil, tal vez valga la pena.

3. **Vigila muy de cerca el valor de mercado de tu casa.** Mientras más suba por encima de lo que tú pagaste por ella, más se reduce el porcentaje entre el capital y el valor de la propiedad. Por ejemplo, si fueras a comprar una casa valorada en $100.000 y fueras a dar $10.000 en efectivo con una hipoteca de $90.000, el porcentaje inicial entre el principal y el valor de la casa sería del 90 por ciento, y en ese caso tendrías que obtener PMI. Pero digamos que el valor de tu casa sube a $120.000. Ahora tu hipoteca de $90.000 representa sólo el 65 por ciento del valor de la casa, y no necesitarías más el PMI. Así que lleva la cuenta del valor de tu casa y tan pronto pienses que el valor ha subido lo suficiente, solicita un avalúo de tu hogar. Si has sacado bien tus

cálculos, deberías poder descartar el requisito de tener ese seguro. (Por supuesto, si los precios luego bajan y no has pagado suficiente principal, tu banco puede volver a exigirte PMI.)

¿Es una hipoteca "sin pago inicial" o "combinada" la indicada para ti?

Ventajas: Puedes comprar una casa sin tener que ahorrar —y pagar— un montón de dinero.

Desventajas: Empiezas con muy poco valor acumulado, o ninguno; y si los precios bajan, puedes verte en una situación donde debes más de lo que vale tu casa. A lo mejor también vas a necesitar obtener seguro privado de hipoteca.

Lo esencial: Muy buena alternativa si te ahoga el alquiler que pagas y careces de ahorros sustanciales —pero sólo si tu ingreso es fijo y tu empleo es seguro.

HIPOTECAS EN QUE SÓLO SE PAGA EL INTERÉS

En un intento por atraer negocio con pagos mensuales lo más bajos posible, más y más compañías hipotecarias ofrecen hipotecas que te permiten pagar solamente los cargos por interés de tu préstamo —y no, como es casi siempre el caso, el interés más parte del principal. Los programas de interés que solamente cubren los primeros cinco, diez o hasta quince años de un préstamo están disponibles prácticamente con cualquier tipo de hipoteca, incluidas todas las variedades que he descrito hasta ahora. En 2004, más del 30 por ciento de todas las hipotecas fueron de pago de interés solamente.

La razón principal por la que esta característica es tan popular es que permite comprar una casa más cara de lo que en realidad se puede costear, ya que el pago mensual es menos de lo que sería con una hipoteca tradicional. Por ejemplo, digamos que tú necesitas un préstamo de $300.000 para comprar la casa que deseas. En una hipoteca tradicional de treinta años con un interés fijo del 6 por ciento, tu pago mensual sería alrededor de $1.800. Pero con una hipoteca donde se paga sólo el interés en la fase inicial, sería de tan sólo $1.500 al mes.

Por supuesto que puede lucir muy atractivo reducir los gastos de tu hipoteca de esta manera, y puede tener sentido si no planeas conservar la casa por mucho tiempo y te sientes seguro de que va a aumentar en valor. También es apropiado si piensas que puedes tener mejor rendimiento si usas el dinero que te vas a ahorrar en acciones o en algún otro tipo de inversión. Sin embargo, y esto es de gran importancia, hay desventajas muy grandes con las hipotecas en las cuales sólo se paga el interés.

Por un lado, si conservas la casa (y la hipoteca en que sólo pagas interés) durante más tiempo de lo que dura el plazo de sólo interés, puedes encontrarte en una situación donde los pagos mensuales son muy altos. Esto es debido a que una vez que sí empiezas a pagar el capital en este tipo de hipoteca, tienes que pagarla más rápido que lo normal para poder retirar el préstamo a tiempo.

Por otra parte, las hipotecas en que sólo se paga el interés son *de interés solamente*. Pagar sólo el interés puede sonar fantástico, pero también significa que *no* pagas nada del principal, lo cual quiere decir que no aumentas el valor acumulado de tu propiedad.

Digamos que compras una casa por $300.000 y pides prestado todo el dinero del precio de compra, con una hipoteca al 6 por ciento, de sólo interés y sin pago inicial. (Sí, este tipo de hipotecas existe.) Al cabo de diez años, habrás pagado a la compañía hipotecaria $180.000 en interés —pero todavía le vas a deber $300.000. Ahora bien, si el valor de la casa ha aumentado a través de los años a $600.000, esto puede no molestarte. Pero si el valor no ha subido

—o, peor aún, si ha bajado— vas a quedar muy desencantado.

¿Es este tipo de hipoteca de sólo interés la adecuada para ti?

Ventajas: Durante el período inicial donde sólo se paga el interés, tu pago mensual va a ser considerablemente más bajo de lo que sería con una hipoteca tradicional de un monto similar. En un mercado alcista, ésta es una forma estupenda de maximizar tu apalancamiento financiero.

Desventajas: El valor acumulado de tu casa no aumenta a no ser que la casa suba de precio, y es posible que te lleves un susto cuando concluya el plazo donde sólo pagas el interés.

Lo esencial: Tiene sentido sacar una hipoteca donde sólo se paga interés si planeas conservar la casa un tiempo relativamente corto (digamos, menos de cinco años) y puedes encontrar un buen uso para el dinero que te vas a ahorrar. Pero solicitar este tipo de hipoteca simplemente con el fin de comprar una casa más grande que la que puedes en verdad costear, es buscarte problemas.

HIPOTECAS DE OPCIÓN

Las hipotecas de opción son hipotecas ajustables a corto plazo que te permiten decidir todos los meses qué tipo de pago hipotecario quieres hacer durante el período inicial del préstamo. Según como te sientas —o, más bien, según el estado de tu cuenta bancaria— puedes hacer un pago como si tuvieras una hipoteca tradicional ajustable a un plazo de treinta años, puedes pagar sólo el interés, o puedes escoger lo que se llama la "opción del interés diferido", donde haces un pago mensual que no cubre nada del principal y ni siquiera todo el interés que debes. (El interés que no pagas, o "diferido", simplemente se te añade a la cuenta —es decir, se añade al monto total que debes.)

La variada selección que te ofrece una hipoteca de opción puede ser muy útil si tu sueldo o tus ingresos son erráticos, ya que te permite recortar considerablemente tus pagos mensuales algunos meses, y a su vez subirlos otros meses. El peligro está en que puede ser tentador siempre escoger la opción de interés diferido por su bajo pago mensual (a veces tan bajo que es la mitad del pago normal). Esto es lo que se llama "amortización negativa". Si haces esto constantemente, vas a terminar *por deber más de lo que tomaste prestado*. Si el valor de tu casa aumenta, esto no te tiene que preocupar. De hecho, puede que hasta pienses que eres brillante, ya que has logrado un gran valor acumulado al tiempo que desembolsaste muy poco dinero. Por otro lado, si el valor de tu casa no aumenta —o, pero aún, en realidad baja— pudieras muy fácilmente terminar "invertido" con respecto al valor de tu casa, y deber más por tu casa de lo que ésta vale, a pesar de todos los pagos que hiciste durante años. Esta es una terrible posibilidad.

La hipoteca de opción es probablemente la más complicada entre todos los diferentes tipos de hipoteca. Pero como parece tan flexible, es cada día más popular. Mucha gente ahora usa estas hipotecas para financiar la compra de inversiones inmobiliarias debido a que los bajos pagos mensuales facilitan el generar un flujo de efectivo positivo.

Mi opinión es que una hipoteca de opción puede resultar muy atractiva a un comprador muy disciplinado, pero —y esto es muy importante— necesitas comprender bien lo que implica para ti. Con la ayuda de tu asesor hipotecario, analiza con cuidado los riesgos asociados con este tipo de préstamo. Haz que tu asesor te enseñe lo que puede pasar si pagas el mínimo durante, digamos tres años, y si después las tasas suben un 1 ó 2 por ciento. Entonces piensa muy bien si te sentirías cómodo con este tipo de riesgo.

UNA OBSERVACIÓN SOBRE EL RIESGO

Muchos de los nuevos productos hipotecarios surgieron en un momento en que los precios de las casas estaban por las nubes, un momento durante el cual la mentalidad era que se podía con toda razón "voltear" o revender una propiedad en tan corto tiempo que no tendrían nunca que preocuparse de que la tasa de interés ajustable fuera a subir, o de verse "invertido" en un mercado en baja. Este tipo de fiesta es divertida mientras dura, pero nunca dura eternamente. De hecho, al escribir esto, las cosas parecen haberse tranquilizado. Un Millonario Automático Dueño de Casa es un comprador a largo plazo que piensa vivir en su casa durante muchos años, como hizo la familia Martin, y hacerle frente a los ciclos de un mercado de bienes raíces que sube y baja. *Esto significa obtener una hipoteca que tiene sentido a largo plazo.*

¿Es una hipoteca de opción la indicada para ti?

Ventajas: Gran flexibilidad, que incluye la capacidad a corto plazo de recortar tus pagos mensuales a la mitad.

Desventajas: Si no tienes cuidado, puedes muy bien encontrarte "invertido" o confrontar pagos que no puedes manejar cuando el período de opción concluya.

Lo esencial: Las hipotecas de opción pueden ser muy buenas si eres un inversionista disciplinado con un ingreso errático. Pero si no entiendes los riesgos, pudieras muy bien terminar con una sorpresa muy desagradable.

RESULTADO DE DIFERENTES TIPOS DE PAGOS EN HIPOTECAS DE "OPCIÓN"

Tasa inicial del 5% con ajustes anuales

		Pagos mensuales			Monto del balance al final del año		
Año	Tasa	Pago ARM tradicional	Pago de sólo interés	Opción de interés diferido (pago mínimo)	Pago ARM tradicional	Pago de sólo interés	Opción de interés diferido (pago mínimo)
1	5,00%	$1.074	$833	$675	$197.049	$200.000	$201.944
2	6,00%	$1.196	$1.000	$700	$194.448	$200.000	$203.681
3	7,00%	$1.321	$1.167	$725	$192.128	$200.000	$205.199
4	8,00%	$1.449	$1.333	$750	$190.033	$200.000	$206.489
5	8,00%	$1.449	$1.333	$775	$187.763	$200.000	$207.537
6	8,00%	$1.449	$1.544	$1.602	$185.763	$197.382	$204.820
7	8,00%	$1.449	$1.544	$1.602	$182.643	$191.999	$199.235

Aviso: Cada columna se calculó en base a que el prestatario haga siempre el mismo tipo de pago consistentemente durante un período inicial de opción de cinco años. El sexto año, después de que el período de opción haya terminado, los pagos se determinan de acuerdo al saldo que resta del principal, y adquieren un interés del 8 por ciento durante los veinticinco años que quedan del préstamo.

Fuente: Wells Fargo Home Mortgage

EL GOBIERNO QUIERE QUE TÚ SEAS DUEÑO DE CASA

Hasta ahora, nos hemos enfocado en lo que ofrecen las compañías hipotecarias. Ahora analicemos lo que el gobierno puede hacer para ayudarte a comprar una casa. Quizás te sorprendas de saber cuánto desea el Tío Sam que te conviertas en dueño de casa. Esto es debido a que ser propietario no es solamente bueno para la gente, sino también que es bueno para la economía nacional. Crea riqueza, le da estabilidad a las comunidades, aumenta la base impositiva íntegra y estimula la actividad comercial.

Y no pienses que los programas de casas del gobierno son sólo para los pobres. Muchos de estos programas están dirigidos a trabajadores cuyos ingresos por hogar van del 80 al 120 por ciento del punto medio de la región—el cual, en ciudades grandes y costosas como Boston, Chicago, Los Ángeles y Nueva York, puede muy bien incluir familias que ganan mucho más de $50.000 al año. Así que investígalos.

CÓMO EL DEPARTAMENTO DE VIVIENDA Y DESARROLLO URBANO TE FACILITA LA COMPRA DE UNA CASA

Departamento de Vivienda y Desarrollo Urbano (HUD)
www.hud.gov

La misión del Departamento de Vivienda y Desarrollo Urbano (HUD, por las siglas en inglés de *Housing and Urban Development*) de los Estados Unidos es crear oportunidades para los que van a comprar una propiedad. Con este fin, ofrece todo tipo de ayuda a aspirantes a dueños de casa, inclusive subvenciones para ayudar a las personas a comprar su primera casa.

El sitio web de HUD, **www.hud.gov,** es donde en verdad debes comenzar tu investigación sobre los programas del gobierno. Allí se ofrece un sinfín de recursos sobre cómo comprar, el tipo de ayuda que puedes obtener y cómo tener derecho a dicha ayuda, así como enlaces a cientos de programas estatales y locales cuyo objetivo es facilitar la compra de una casa. Las *100 preguntas y respuestas acerca de la compra de una casa nueva* son particularmente útiles. Puedes hasta chatear en línea con un representante de la agencia y pedir que te refiera a un consejero en tu localidad.

OTRAS AGENCIAS GUBERNAMENTALES QUE TE PUEDEN AYUDAR A CONVERTIRTE EN DUEÑO DE CASA

Además de HUD, hay otras agencias del gobierno que ofrecen programas para préstamos y otros tipos de ayuda que todo aspirante a propietario debe investigar.

Administración Federal de la Vivienda (*Federal Housing Administration*, o FHA)

www.fha.com

Desde 1934, la FHA ha ayudado a más de treinta millones de personas a convertirse en propietarios —no con préstamos de dinero, sino al garantizar los préstamos para que las compañías hipotecarias que estén renuentes a prestarles a compradores que no tienen mucho dinero se sientan más seguros. Los préstamos garantizados por la FHA frecuentemente cubren un 97 por ciento del precio de compra, y aunque usualmente deben ser para la compra de una primera casa, se pueden también usar para comprar una segunda o una tercera casa. Al momento en que escribo esto, la FHA estaba dispuesto a garantizar préstamos de hasta $359.650. (El tope siempre va en aumento, así que asegúrate de la cantidad.)

Departamento de Veteranos de los Estados Unidos (*U.S. Department of Veterans Affairs*, o VA)

www.va.gov

Si serviste en las fuerzas armadas, puedes obtener una hipoteca garantizada por el VA —lo cual normalmente significa una tasa de interés más baja de la que tendrías si no hubieras estado en el ejército. Puedes buscar la información en el sitio web del VA.

Concejo Nacional de Agencias Estatales de Financiamiento de Viviendas (*National Council of State Housing Finance Agencies,* o NCSHA)

www.ncsha.org

Casi todos los estados de la unión ofrecen programas especiales de préstamos para ayudar a los compradores de casa, en particular los que compran por primera vez. El sitio web del NCSHA es muy buen lugar para averiguar todo sobre ellos.

Fannie Mae

www.fanniemae.com o www.homebuyingguide.org (para guías de cómo comprar una casa, en español)
1-800-832-2345 ó 1-800-TU-CASA-9 en español

La Asociación Federal Nacional de Hipotecas *(Federal National Mortgage Association),* también conocida como Fannie Mae, no presta dinero, sino que brinda el financiamiento que hace posible que las compañías hipotecarias les presten dinero a los consumidores. También ofrece mucha información útil a los posibles compradores, inclusive una biblioteca completa de informes GRATIS bajo los títulos *Cómo escoger el mejor préstamo hipotecario para usted, Conozca y entienda su crédito* y *Aprenda lo básico sobre tomar dinero prestado.* Para encontrar estas guías, ve al sitio **www.home buyingguide.org** y marca la opción que dice "Español". Además, visita **www.homepath.com,** un sitio web que está relacionado a Fannie Mae y que contiene una sección "For Home Buyers & Homeowners" ("Para compradores de casa y dueños de casa") fácil de usar por el consumidor y llena de información útil.

Freddie Mac

www.freddiemac.com
1-800-373-3343

El primo menor de Fannie Mae, Freddie Mac (también conocido como *Federal Home Loan Mortgage Corporation),* ofrece el financiamiento que le permite a las compañías hipotecarias brindar préstamos de casa que son accesibles. El sitio web de Freddie Mac tiene una sección fantástica para los aspirantes a propietarios en **www.freddiemac.com/homebuyers.** Ve allí, marca "En Español" y encontrarás un maravilloso recurso llamado *Cómo comprar y ser propietario de casa*. También hay un sitio web relacionado, el **www.homesteps.com,** que ayuda a los que van a comprar casa por primera vez a encontrar una casa a precio de ganga, conseguir aprobación en un solo paso del préstamo y aprender cómo comprar propiedades embargadas con tan poco como el 5 por ciento del pago inicial.

FELICIDADES —YA SUPERASTE LO MÁS DIFÍCIL

Como mencioné al principio de este capítulo, existen suficientes tipos de hipotecas en el mercado como para que tu cabeza empiece a dar vueltas. Pero ahora sabes cómo encontrar la adecuada para ti. Ya superaste lo más difícil. En el próximo capítulo vamos a analizar cómo te podemos conseguir la mejor hipoteca posible.

Sigue adelante —¡vas muy bien!

PASOS DE ACCIÓN PARA EL MILLONARIO AUTOMÁTICO DUEÑO DE CASA

Para repasar las medidas que hemos presentado en este capítulo, he aquí lo que debes hacer ahora mismo para determinar cuál hipoteca es la apropiada para ti.

❑ Debes entender que antes de salir a buscar una casa, necesitas buscar una hipoteca.

❑ En base de los criterios presentados en este capítulo, decide qué tipo de hipoteca es la que más te conviene.

❑ Visita los diferentes sitios web del gobierno que aparecen en las páginas 129 a 131 para ver si reúnes las condiciones para solicitar algún programa del gobierno dirigido a aspirantes a propietario de casa.

❑ Visita **www.finishrich.com/homeowner/chapterfive** para escuchar el audio en inglés gratis de este capítulo.

CAPÍTULO SEIS

CÓMO OBTENER LA MEJOR HIPOTECA POSIBLE

Ahora que ya conoces los diferentes tipos de hipoteca que existen, es hora de que salgas a buscar una y compares precios. Y cuando digo que salgas a buscar una, lo digo en serio.

Cuando te decides a comprar algo de gran importancia —digamos, un auto nuevo o un equipo electrodoméstico— no vas a entrar al primer establecimiento que te encuentres y aceptar el primer precio que te proponga el vendedor. Alguien que sabe comprar va a diferentes establecimientos, compara ofertas y hasta pone a un vendedor a competir con el otro.

El mismo concepto se aplica cuando sales a buscar una hipoteca. Antes de empezar a contemplar las ofertas, debes tener una buena idea de qué tipo de ofertas te van a hacer. Y no creas que puedes pasar por alto esta parte tan sólo porque has encontrado un asesor hipotecario en quien confiar. Recuerda el consejo de Ronald Reagan sobre cualquier negocio en el que hay mucho en juego: "Confía, pero corrobora".

Esto significa que tienes que hacer un poco de investigación.

BUSCA EN LOS PERIÓDICOS Y EN EL INTERNET PARA COMPARAR

Hoy en día, es más fácil que nunca averiguar cómo está el mercado de hipotecas. Solamente échale un vistazo al periódico de tu localidad. La mayor parte de esas publicaciones tiene una sección de bienes raíces que habla de los diferentes tipos de hipotecas. La sección de bienes raíces también está repleta de anuncios de diferentes instituciones de préstamos que promocionan sus productos. Así que toma nota de lo que anuncian y de cómo están las tasas en este momento.

Después, yo buscaría más información en Internet. En cuestión de minutos, puedes enterarte de los diferentes productos de préstamos disponibles y de lo que cuestan —y a la hora de hacer un buen negocio, el conocimiento es el arma más poderosa. Mis sitios web preferidos para encontrar una hipoteca son:

SITIOS WEB PARA BUSCAR HIPOTECA

www.ameriquestmortgage.com	www.bankofamerica.com
www.bankrate.com	www.chase.com
www.countrywide.com	www.citibank.com
www.ditech.com	www.suntrust.com
www.eloan.com	www.usbank.com
www.interest.com	www.wachovia.com
www.lendingtree.com	www.wamu.com
www.quickenloans.com	www.wellsfargo.com

Dedica una hora a echarle un vistazo a estos sitios web —tanto los que comparan entre las diferentes hipotecas, como **www.bankrate.com** y **www.eloan.com,** y los que pertenecen a bancos nacionales, como **www.wellsfargo.com** o **www.citi bank.com**—, y en seguida te vas a dar cuenta de los tipos de ofertas que hay disponibles. A la vez, esto debe ponerte en perspectiva las ofertas que tu asesor hipotecario pueda recomendarte. Si las sugerencias de tu asesor no te lucen tan atractivas como las que has visto en el periódico o en Internet, no dudes en preguntarle por qué. Muchas veces, puede que sea porque las tasas que aparecen en los anuncios no se ajustan a tus necesidades. O quizás no te fijaste en los detalles que aparecen en letra pequeña, y lo que parecía ser una tremenda oferta en el periódico o en línea resulta no serlo en realidad. Pero no supongas nada. Pregunta.

EL SANTO GRIAL DE LOS PRÉSTAMOS HIPOTECARIOS

Te sorprenderá saber que aun antes de entrevistarte con un asesor hipotecario, ya has comenzado el proceso de determinar el tipo de hipoteca que vas a conseguir. De hecho, comenzaste el proceso mucho antes de siquiera haber pensado en comprar una casa.

Desde el momento en que solicitaste tu primera tarjeta de crédito u obtuviste tu primer préstamo estudiantil, empezaste a recopilar lo que se conoce como tu historial de crédito. Y es tu historial de crédito, junto con tus ingresos, bienes y obligaciones financieras, lo que va a determinar si puedes conseguir un préstamo con excelentes términos, o un préstamo no tan bueno.

En las siguientes páginas vamos a analizar cómo las compañías hipotecarias evalúan tu historial de crédito, y después vamos a ver qué puedes hacer para sacarle el mayor provecho y conseguir las mejores condiciones posibles en tu hipoteca.

¿QUÉ PASA SI NO TIENES CRÉDITO?

Bueno, ¿y qué pasa si cuando intentas obtener tu historial de crédito descubres que las agencias de reporte de crédito no tienen un archivo a tu nombre, o que tu historial es muy limitado? Esto podría ocurrir si no has abierto una cuenta bancaria en el país y has estado pagando tus facturas con dinero en efectivo o con órdenes de pago *(money orders)*, o si nunca has comprado algo a tu nombre con algún tipo de crédito.

No tener un historial de crédito "oficial" en las agencias de reporte de crédito no significa que no puedes comprar casa, porque existen programas hipotecarios que aceptan créditos "alternativos" que te ayudan y aceptan otro tipo de pruebas para demostrar tu capacidad como buen pagador: como por ejemplo, recibos de pagos de alquiler y servicios públicos, entre otros.

Pero para comenzar a construir tu crédito y preparar el camino hacia la riqueza, te propongo el siguiente plan:

- Si no tienes cuentas bancarias, abre una inmediatamente.
- Deposita tus ingresos en esa cuenta, y paga todas tus facturas utilizando los cheques y la tarjeta de débito de esa cuenta.
- No realices pagos por montos que puedan superar el balance de dinero que tienes en la cuenta.
- Solicita en el banco donde tienes tu cuenta una tarjeta de crédito asegurada, que quiere decir que el dinero que usas está respaldado por cierta cantidad, como por ejemplo $300, que tienes en esa cuenta.
- Si manejas bien tu tarjeta de crédito asegurada pagando los balances que tienes cada mes con puntualidad, has dado un sencillo pero importante paso en el mundo del crédito: te has hecho notar por las compañías hipotecarias.
- Cuando te comiencen a llegar ofertas de crédito en el correo,

ahora es tu momento de escoger. Revisa las condiciones de los préstamos que te ofrecen, y acepta la invitación para obtener una tarjeta de crédito.

- Bienvenido al mundo del crédito, donde, si eres buen pagador y no te excedes en usar más crédito del que puedes manejar cómodamente, se te abren muchas puertas para realizar tus sueños.

ENTIENDE TU PUNTUACIÓN FINANCIERA PROMEDIO

Sorprende ver cuán poco tiempo emplean las escuelas en enseñarnos las cosas más simples de la vida, que son en realidad las que más importan. Cuando estabas en la enseñanza media, ¿alguien alguna vez te habló sobre tu calificación de crédito? Lo más probable es que no. La única puntuación que importaba era tu promedio académico. Bueno, ¿y qué de tu promedio financiero —tu calificación de crédito? El hecho es que cuando llega el momento de pedir dinero prestado para cualquier fin —ya sea una casa, un auto o la educación de tus hijos— lo primero que cualquier compañía va a hacer es obtener tu calificación de crédito.

Tu calificación (o puntaje) de crédito, conocido en inglés como *credit score,* es una cifra que las agencias de crédito calculan con base en tu historial de crédito. Los bancos usan esta cifra para determinar si van o no a prestarte dinero, y la tasa de interés que van a cobrarte si te lo prestan. Éste es el Santo Grial para las compañías hipotecarias y los prestatarios. Un número alto significa que tienes un buen historial de crédito y que, por lo tanto, no corren mucho riesgo contigo, así que lo más probable es que serías elegible a un préstamo con un interés bajo. Si tu calificación es baja, eso quiere decir que el riesgo es alto y, como consecuencia, probablemente vas a tener que pagar un interés alto en caso de que el banco esté siquiera dispuesto a prestarte algo de dinero.

CÓMO FUNCIONA TU CALIFICACIÓN DE CRÉDITO Y POR QUÉ ES IMPORTANTE

El sistema de calificación de crédito de más influencia fue desarrollado en 1989 por una compañía llamada Fair Isaac Corp. El propósito era ofrecerle a las compañías hipotecarias una forma rápida y fácil de juzgar cuán financieramente fiable era el solicitante del préstamo. Lo que ellos llaman tu calificación FICO es un cálculo matemático que se basa en veintidós datos sobre ti que Fair Isaac obtiene de tus historiales de crédito en Equifax, Experian y Trans-Union, las tres principales compañías de informe de crédito. Basándose en este cálculo, te dan una calificación en una escala que va desde 350 (la más baja) hasta 850 (la más alta). Cualquier calificación por encima de 700 se considera buena. Si tu calificación es de 750 ó más, la compañía hipotecaria te va a ofrecer las mejores condiciones que pueda. Por otro lado, una calificación por debajo de 500 significa que te va a ser difícil obtener un préstamo, aunque estés dispuesto a pagar un interés muy alto. La tabla a continuación es similar a la que encontrarás en el sitio web de FICO que enseña cómo los diferentes puntajes pueden afectar tu tasa de interés.

EL EFECTO DE LA CALIFICACIÓN DE CRÉDITO EN TU TASA DE INTERÉS		
(en un préstamo de $150.000, de 30 años, con un interés fijo, en 31/7/05)		
Calificación	Tasa de interés	Pagos mensuales
760–850	5,48%	$850
700–759	5,70%	$871
680–699	5,88%	$887
660–679	6,09%	$908
640–459	6,52%	$950
620–639	7,07%	$1.005

Como puedes ver, la diferencia entre una calificación alta y una baja puede representar una diferencia de cientos de dólares cada mes en pago de intereses en tu hipoteca —y no decenas, sino cientos de miles de dólares a lo largo de la vida del préstamo.

CÓMO PONER TU CRÉDITO EN ORDEN

Con este simple plan que te presento ahora vamos a poner tu crédito en orden, pero primero es necesario que pidas una copia de tu historial de crédito (ver página 143) para revisarlo y saber lo que necesitas hacer.

Ahora, revisando tu historial de crédito, ¿están todos tus datos personales correctos? ¿Están todos los datos de tus cuentas, balances y pagos realizados o no realizados correctos? Si no, toma nota de lo que sea necesario corregir y escríbelos en la hoja de solicitud de correcciones que la agencia de reporte de crédito te envió junto con el historial.

Revisemos entonces los "puntos negros", esos que no te hacen aparecer muy bien ante los ojos de las compañías hipotecarias. ¿Tienes cuentas con pagos atrasados? ¿Tienes mucha deuda, como tarjetas de crédito que aunque estén al día en pagos de mensualidades todavía te queda un alto balance por pagar? Bien, ahora estamos llegando al centro del asunto para mejorar tu historial.

PLAN PARA ACLARAR "PUNTOS NEGROS"

1. Llama a las compañías con las que tienes pagos retrasados y diles que quieres ponerte al día con ellos. Si tienes tarjetas de crédito con pagos muy morosos, negocia un plan de pago realista y la posibilidad de que te reduzcan el balance o la tasa de interés. Recuerda que ellos están interesados en que les pagues, y pueden estar dispuestos a facilitarte un plan que se ajuste a tu situación financiera.

2. Si tienes balances pendientes en varias tarjetas de crédito, comienza a pagar mensualidades mayores en la que tenga la mayor tasa de interés, pues mientras más alta sea la tasa de interés, más rápido crecerá tu balance.

3. Considera obtener una tarjeta de crédito con tasa de interés muy baja para transferir los balances de deudas que tienes en tarjetas con tasas de interés más altas.

4. Proponte quedarte con sólo una o dos tarjetas activas con balances razonables. Tener cuentas de préstamos activas de cualquier tipo en buen estado de pagos y balance, incluidas las de tarjetas, es favorable para tu historial porque muestra que manejas crédito. Pero tener muchas cuentas de préstamos con balances, aunque las pagues a tiempo cada mes, tampoco es muy favorable porque puede indicar que tu cantidad de deuda es muy alta en relación con los ingresos de los que dispones.

5. Mantén tus cuentas al día y paga al menos lo mínimo exigido.

Reduce gastos y revisa tu "factor café *latte*" para eliminar esos puntos negros.

CÓMO AVERIGUAR TU CALIFICACIÓN DE CRÉDITO —Y MÁS

Saber cuál es su calificación de crédito es esencial para cualquiera que piensa obtener una hipoteca. Hay diferentes maneras de averiguar tu calificación de crédito. De entrada, puedes obtenerla directamente de Fair Isaac. También puedes obtener una versión de tu calificación FICO de cualquiera de las tres agencias de crédito, las cuales tienen un sistema de calificación similar a Fair Isaac. Veamos lo que cada una ofrece.

Fair Isaac Corp.

www.myfico.com

Si visitas el sitio web de Fair Isaac, puedes comprar (por $44,85) lo que la compañía llama el servicio FICO Deluxe, que incluye copias de los informes de crédito de las tres agencias, así como tu calificación FICO. Tú en verdad tienes tres calificaciones de crédito diferentes y tres historiales de crédito diferentes (recopilados por cada una de las agencias que aparecen en la siguiente página). El informe FICO Deluxe refleja lo que cada una de ellas dice de ti y lo que puedes hacer para mejorar tu calificación.

Equifax

www.equifax.com

(800) 685-1111

Equifax ofrece varios productos y combinaciones que van desde $9,50 por una copia del informe Equifax de crédito, hasta $39,95 por su informe 3-en-1 con ScorePower® (tu calificación de crédito

FICO y tu informe de crédito de cada una de las agencias, más un análisis que compara tu calificación con el promedio nacional, y un simulador que refleja cómo los cambios en tu informe de crédito pueden impactar tu calificación crediticia de crédito).

Experian

www.experian.com
(888) 397-3742

Al igual que Equifax, Experian ofrece varias combinaciones de productos y servicios, que van desde el informe de crédito de Experian por $9,50, hasta el informe de crédito "3 Agencias" que incluye tu calificación de crédito, por $34,95.

TransUnion Corporation

www.transunion.com
(800) 888-4213

Al igual que las otras dos agencias, TransUnion ofrece el informe básico de crédito por $9,50, y un perfil de crédito 3-en-1 por $29,95.

AHORA PUEDES OBTENER TU INFORME DE CRÉDITO GRATIS

Bajo una ley de crédito aprobada en 2003, las tres grandes agencias de crédito tienen que brindarle a todo consumidor que lo pida una copia gratis de su informe de crédito una vez al año. Puedes obtener el tuyo si llamas directamente o si entras en el sitio web que ellas subvencionan en conjunto: **www.annualcreditreport.com.** También puedes hacer la petición por correo si escribes a Annual Credit Report Request Service, cuya dirección es P.O. Box 105283,

Atlanta, GA 30348-5283, o si llamas, libre de cargo, al (877) 322-8228.

Como indiqué anteriormente, cada agencia de crédito tiene sus propios datos y expide sus propios informes, de modo que debes dirigirte a cada una de ellas para que te den una copia de lo que informan sobre ti. ¡Y recuerda que tu informe de crédito no es tu calificación de crédito! Son diferentes. Tu calificación está basada en los informes y, desafortunadamente, ésa no la puedes obtener gratis.

UN DESCUENTO ESPECIAL —Y UN REGALO— PARA TI

Como es tan importante que entiendas tu historial de crédito, estoy en trámites con las diferentes agencias para que te den un descuento en los cargos que las agencias normalmente les cobran a los consumidores que quieren averiguar su calificación de crédito. Si visitas **www.automaticmillionairecredit.com,** te remitirán a un sitio web donde podrás aprovechar ofertas especiales —y también bajar información sobre algunos servicios gratis adicionales, que incluyen un informe especial que yo he preparado en audio en inglés llamado *Cómo reparar tu puntaje crediticio —y mejorarlo en sesenta días o menos.*

LO MÁS PROBABLE ES QUE HAYA ALGÚN ERROR EN TU INFORME DE CRÉDITO

Después de haber instruido a miles de personas sobre el proceso de obtener y reparar su calificación de crédito, te puedo decir por experiencia que probablemente vas a encontrar algo que está incorrecto en tu informe de crédito. *En vista de que estos errores hacen lucir tu historial de crédito peor de lo que es, es de vital importancia que los corrijas tan pronto sea posible.*

Y en realidad, no es muy difícil hacerlo. Puedes informar directamente a la agencia de crédito de cualquier error que encuentres en tu informe al visitar su sitio web. Pero al mismo tiempo, debes documentar tu queja con una carta certificada dirigida a la agencia de crédito.

Por ley, las agencias de crédito tienen que investigar y corregir tu calificación dentro de un plazo de treinta días después de recibir tu aviso. He incluido en **www.automaticmillionairecredit.com** algunas cartas de muestra que puedes usar.

NO TEMAS PEDIR MEJORES CONDICIONES EN LOS COSTOS DE CIERRE

Mejorar tu calificación de crédito puede tomar algún tiempo, pero existe otra manera de asegurarte de que hagas un buen negocio. Pídelo. La manera más sencilla de recortar los costos de tu hipoteca es *pedir que te den mejores condiciones.* Quizás no puedas lograr un interés más bajo, pero mi experiencia ha sido, especialmente cuando se trata de un préstamo grande, que la compañía hipotecaria con frecuencia estará dispuesta a hacerte alguna rebaja en al menos algunos de los gastos asociados con la compra.

Los gastos de la compra son una lista de gastos, honorarios y otros cargos misceláneos de última hora que tienes que pagar antes de obtener tu hipoteca. Si no se manejan debidamente, te puede costar caro y, por supuesto, quitarle la alegría a la experiencia de comprar una casa.

El hecho es que los gastos de la compra varían notablemente —con frecuencia de miles de dólares— y muchos se pueden negociar. Cuatro de los más fáciles de negociar son los cargos por la solicitud, la tasación, el título y la prima del seguro de título. **No**

temas preguntar sobre ellos por anticipado, y no temas nego-
ciarlos. Recuerda, no te van a hacer ninguna reducción de costos a
menos que pidas rebaja en el momento que hagas la solicitud: si
esperas hasta el momento de la compra, ya será muy tarde.

CARGOS POR LA SOLICITUD

Con el fin de protegerse de la posibilidad de perder su tiempo,
muchas compañías hipotecarias cobran a los posibles prestatarios
un "cargo por solicitud" que va desde $50 (el precio de obtener tu
calificación de crédito) hasta $395. Tienen todo el derecho a
hacerlo. Pero si la hipoteca se finaliza, muchos de ellos están dispuestos a eliminar el cargo. No importa cuánto sea en tu caso
—asegúrate de preguntar qué incluye. Con frecuencia, va a incluir
el costo de la tasación y del informe de crédito, y en este caso, probablemente, no te lo van a devolver. Pero de no ser así, estás en
todo tu derecho de pedir que te lo reembolsen al momento de la
firma si tu préstamo se finaliza.

CARGOS POR EL AVALÚO

La compañía hipotecaria puede insistir, y normalmente lo hace, en
que le hagas una tasación o valoración o avalúo de la casa que
quieres comprar con un tasador profesional escogido por la compañía. Esto puede llevar a una situación de tómalo-o-déjalo con respecto a la tasación. Pero dado el hecho de que estos cargos varían
inmensamente (pueden ser tan bajos como $150 o tan altos como
$750), si es muy alto, pregunta por qué, y trata de ver si pueden
hacer algo para ayudarte a conseguir un mejor precio. La mayor
parte de las compañías hipotecarias te presentarán al menos tres
tasadores diferentes para que puedas escoger entre ellos.

CARGOS POR EL TÍTULO Y EL SEGURO DE TÍTULO

Un componente clave en la compra de una casa es lo que se llama la investigación del título, a través de la cual se revisa el historial de una propiedad para asegurarse de que el vendedor es el dueño legítimo y que no hay gravámenes u otros reclamos pendientes en su contra. Las compañías hipotecarias no sólo requieren que tú pagues por este estudio, sino que también esperan que obtengas un seguro de título que te proteja tanto a ti como a ellas en caso de que surja una disputa sobre quién es el verdadero dueño. La mayoría de la compañías hipotecarias recomienda —y con frecuencia insiste— en que uses una compañía de título en particular para llevar a cabo este estudio, y una compañía específica de seguro de título que ofrezca la cobertura. No obstante, los cargos del título y la prima de seguro de título —que pueden llegar a ser varios miles de dólares— pueden negociarse. Si el comprador adquirió la casa hace sólo pocos años, quizás puedas conseguir que su compañía de título omita sus cargos normales y que, en vez de ellos, te cobre lo que se llama "cargo por reexpedir". El costo es mucho menor debido a que la compañía ya conoce la propiedad y, por ende, no necesita hacer una investigación tan extensa para verificar quién es el verdadero dueño.

OBTÉN POR ADELANTADO UNA CARTA DE COMPROMISO DE LA COMPAÑÍA HIPOTECARIA

Saber que hay buenas ofertas hipotecarias en el mercado no es suficiente. Te conviene estar seguro de que una de ellas lleva tu nombre —literalmente. Esto quiere decir que antes de siquiera empezar a buscar casa, necesitas obtener por adelantado una carta de compromiso del banco que especifique la tasa de interés que te van a brindar. Con esto en tu poder, puedes comenzar tu búsqueda con el conocimiento de que cuando encuentres la casa que quieres comprar, si la encuentras, vas a poder obtener prestado el dinero que necesitas a un costo que te convenga.

Hay dos tipos de cartas de compromiso que las compañías hipotecarias les ofrecen a los que aspiran a comprar una casa. Una se llama "precalificación" y la otra "preaprobación". Puede que suenen similares, pero, créeme, hay una gran diferencia entre las dos.

¿"PRECALIFICACIÓN" O "PREAPROBACIÓN"? —LA ELECCIÓN ES OBVIA

Una "precalificación" (o *pre-qual*, como la llaman la mayor parte de los profesionales en inglés) se basa en una revisión informal de tu situación financiera. El asesor hipotecario puede hacerte una serie de preguntas financieras básicas (sin requerir verificación por escrito) y darte un estimado, con base en tus respuestas, de cuánto cree que puedas pedir prestado. Si lo deseas, te va a poner esto por escrito en una "carta de precalificación" (*"pre-qual letter"*). Puedes entonces salir a buscar una casa con el conocimiento de que la compañía hipotecaria "cree" que podrías obtener un préstamo por la cantidad que indicó en la carta. El proceso de precalificación puede tomar sólo quince minutos. Es facilísimo.

Desafortunadamente, al igual que otras cosas que resultan demasiado fáciles, tiene su trampa. La carta de precalificación no es otra cosa que un estimado de buena fe por parte de la compañía hipotecaria, lo que significa que no es un documento vinculante. Esto significa que puedes encontrar una casa, hacer una oferta, lograr que te la acepten, para luego enterarte de que la compañía hipotecaria, tras haber hecho una investigación formal de tu informe de crédito (el cual, entre otras cosas, va a requerir que documentes toda la información financiera que ofreciste verbalmente con anterioridad), va a decirte, "Caramba, lo sentimos, pero ahora que hemos revisado toda tu información financiera, no te podemos dar el préstamo que habíamos pensado".

Esto sucede mucho. Por esto muchos expertos dicen que una precalificación no vale nada, y ésa es la razón por la que la mayoría de los agentes de bienes raíces en los últimos tiempos insisten en que los compradores consigan una preaprobación de la hipoteca en vez de una precalificación. La preaprobación es más sustancial porque significa que la compañía hipotecaria se ha comprometido en firme a prestarte el dinero.

OBTENER UNA PREAPROBACIÓN PARA UN PRÉSTAMO TOMA MÁS TIEMPO, PERO VALE LA PENA

El proceso de la precalificación es rápido e informal; el de la preaprobación es serio y toma tiempo.

Cuando le pides a una compañía hipotecaria que te preapruebe para una hipoteca, le pides que revise formalmente tu situación financiera, decida si tienes solvencia crediticia, y entonces, en el caso de que la tengas, se comprometa a prestarte cierta cantidad de dinero con unas ciertas condiciones establecidas, sujeto solamente a que tú encuentres la propiedad adecuada.

Para hacer esto, la compañía hipotecaria va a obtener tu informe de crédito y tu calificación, y va a estudiar tu historial de crédito para ver si eres fiable a la hora de pagar tus cuentas a tiempo. Con base en tu calificación de crédito, puede que la compañía hipotecaria quiera corroborar tanto tus ingresos presentes como el historial de tus ingresos. Tal vez pida ver las copias de tu declaración de impuestos de los últimos tres años, especialmente si trabajas por tu cuenta, y va a querer ver una lista real de tus bienes y tus obligaciones financieras. Quizás te pida copias de tus estados de cuentas bancarias (con frecuencia, de los últimos tres a seis meses). En esencia, la compañía hipotecaria lo que quiere es tener la idea más clara y segura posible de tu situación financiera. ¿Puedes costear el préstamo que quieres? ¿Podrá estar segura de que lo pagarás a su debido tiempo?

Este estudio puede tomar varios días en completarse debido a lo extenso que es. Pero una vez que se ha terminado, vas a tener la palabra del banco de que te van a dar el préstamo.

Te recomiendo encarecidamente que dediques el tiempo AHORA —antes de empezar a buscar casa— a trabajar con tu asesor hipotecario para gestionar la preaprobación de un una compañía hipotecaria. De todos modos, en algún momento vas a tener que pasar este trabajo cuando encuentres la casa que quieres comprar. Así que, ¿por qué posponerlo? Es mucho más inteligente —y más seguro— hacerlo *antes* de pasarte horas, días o hasta meses en buscar una propiedad.

SOLICITAR UNA HIPOTECA ES MÁS FÁCIL DE LO QUE PIENSAS

La buena noticia sobre las hipotecas en el siglo XXI es que NUNCA ANTES ha sido tan fácil que te aprueben para un préstamo. Esto se debe a que las compañías hipotecarias ya no se preocupan tanto como antes por los riesgos que conlleva prestarle dinero a un comprador. ¿Por qué? Porque hoy en día, inclusive las compañías hipotecarias que continúan con el servicio de los préstamos que ya han hecho, reducen el riesgo al juntar sus préstamos con muchos otros y crear paquetes que se conocen como titulizaciones hipotecarias, las cuales venden a inversionistas en los mercados financieros.

Esto puede sonar un poco complicado, pero es estupendo para el comprador potencial, porque ha traído consigo gran crecimiento y gran competencia en la industria de los préstamos hipotecarios.

EL PRÉSTAMO QUE EL BANCO ESTÁ DISPUESTO A DARTE VS. EL QUE TÚ PUEDES COSTEAR

Si hasta ahora has seguido todos los consejos que aparecen aquí, puede que te hayan preaprobado para un préstamo. ¿Pero es el acertado?

La mayoría de las compañías hipotecarias se esfuerzan por aprobarte para el préstamo acertado —uno que les va a resultar lucrativo a ellos y que, a la vez, te va a resultar fácil de manejar. Pero al final de cuentas, si se equivocan y te permiten tomar prestado más de lo que en realidad puedes manejar, no sólo va a ser un problema para ellos. También será un problema para ti.

Con esto en mente, en términos generales debes suponer que *la cantidad que el banco o la compañía hipotecaria esté dispuesta a prestarte es más de lo que debes tomar prestado.* En su gran apuro por hacer más negocios, las compañías hipotecarias están dispuestas a prestar más dinero a un número creciente de personas que no tienen un crédito estable. Tal vez esto parezca bueno, pero los reguladores del gobierno piensan que demasiadas compañías ya han hecho demasiados préstamos hipotecarios imprudentes. Así que ten en mente las pautas que presenté en el Capítulo Tres. El costo estimado de tu pago mensual de hipoteca, más tus otros costos asociados (como los impuestos sobre la propiedad y el seguro) deben estar más o menos entre el 29 y el 41 por ciento de tu ingreso bruto —dónde exactamente, dependerá de cuán robusta sea tu salud financiera.

Y no juegues con esto. Saca las cuentas. Sé realista sobre tu situación. No pretendas que estás mejor de lo que en realidad estás. Analiza muy de cerca los costos estimados de tu hipoteca y cómo se comparan con lo que te dicen las pautas sobre lo que puedes gastar. Si no estás seguro de cómo hacer este cálculo, hay muchísimas calculadoras en línea que te pueden ayudar a analizar los números —inclusive, en mi sitio web, **www.finishrich.com/ homeowner,** hay una "Calculadora para compradores de casa" en inglés (el "Homeowner Affordability Calculator") que te puede ayudar a calcular realmente cuánto dinero puedes tomar prestado como máximo.

PONTE UNOS ZAPATOS CÓMODOS —ES HORA DE EMPEZAR A BUSCAR CASA

Ahora que ya has revisado —y tal vez corregido— tu calificación de crédito, que has encontrado una hipoteca, que has negociado extensamente y que has sido preaprobado, no hay razón para demorarlo más. ¡Estás completamente preparado para salir a buscar casa!

En el siguiente capítulo, te voy a guiar a través de un simple plan de acción de doce pasos para encontrar y comprar una casa.

PASOS DE ACCIÓN PARA EL MILLONARIO AUTOMÁTICO DUEÑO DE CASA

Como repaso de las medidas que hemos presentado en este capítulo, he aquí lo que debes hacer ahora mismo para encontrar el mejor precio de una hipoteca y conseguir la preaprobación de una compañía hipotecaria.

❏ Busca en los periódicos y en el Internet para ver qué tipos de hipotecas hay disponibles.

❏ Obtén una copia de tu calificación de crédito y de tus informes de crédito, y corrige cualquier error que encuentres.

❏ Trabaja con tu asesor hipotecario para que te preaprueben (NO que te precalifiquen) para una hipoteca.

❏ Negocia tus cargos y costos de cierre para ahorrar dinero.

❏ Visita **www.finishrich.com/homeowner/chaptersix** para escuchar el audio en inglés gratis de este capítulo.

CAPÍTULO SIETE

BÚSCATE UNA CASA DE MANERA INTELIGENTE

Has hecho un presupuesto y te han preaprobado para el préstamo. Ahora estás listo para empezar a buscar una casa.

Como mencioné anteriormente, una de las claves para convertirte en un *Millonario Automático Dueño de Casa* es darte cuenta de que cuando compras una casa, adquieres algo más que un hogar donde vivir. También vas a hacer una inversión que puede convertirse en el cimiento de tu seguridad financiera.

Piensa en el caso de John y Lucy Martin. Ellos no eran unos "superinversionistas". Eran —y aún son— personas normales que tenían ingresos típicos, que compraron algunas casas a través de los años y que usaron el valor acumulado de esas casas para avanzar por el camino de la riqueza.

Tú puedes hacer exactamente lo mismo que hizo la familia Martin. Puede tomarte una década o dos... o tres. Pero a lo largo del tiempo, puedes comprar casas, vivir bien, y —si actúas con inteligencia y cautela— ganar buen dinero. No es siempre fácil de llevar a cabo, pero sin duda que se puede hacer.

He aquí cómo comenzar.

PRIMER PASO:
ENTREVÍSTATE CON UN AGENTE DE BIENES RAÍCES

Una de las primeras cosas que hicieron John y Lucy Martin cuando decidieron buscar casa fue llamar a un agente de bienes raíces. Supieron de este agente a través del asesor hipotecario de su banco. El asesor que te ayuda con la hipoteca pueda quizás recomendarte a alguien capacitado. Un buen agente de bienes raíces puede hacer que el proceso de comprar una casa sea más rápido, más fácil y más lucrativo. De hecho, encontrar un buen agente es tan importante que le he dedicado un capítulo completo al tema. Es el que le sigue a éste. Léelo atentamente y escucha sin falta la increíble entrevista en inglés que aparece en **www.finishrich.com/homeowner** sobre este tema.

SEGUNDO PASO:
SI ALQUILAS UNA CASA O CONDOMINIO, PREGÚNTALE AL DUEÑO SI LE INTERESA VENDER

Esto es algo que muy poca gente toma en consideración. Si alquilas una propiedad y es una casa o un condominio que de verdad te gusta, pregúntale al dueño si consideraría vendértelo.

¿Qué probabilidades hay de que lo haga? A no ser que preguntes, *nunca lo vas a saber*. Quizás el dueño necesite el dinero. Quizás esté en trámites de divorcio. Quizás los hijos estén por ingresar en la universidad, o tal vez quiera establecerse por su cuenta en un negocio. ¿Quién sabe? ¡La única forma en que vas a poder saberlo es si preguntas!

La ventaja de esto es que puedes negociar el precio sin que haya competencia, el dueño no tiene que pagarle comisión a un agente de bienes raíces (lo cual quizás contribuya a que le interese la posibilidad de vender —y hasta te pase a ti algo de lo que se ahorraría) y no vas a gastar ni un centavo en la mudanza.

TERCER PASO:
DECIDE QUÉ TIPO DE CASA QUIERES

Así que ya llamaste al dueño, pero no quiere vender. O quizás no te guste el lugar donde vives lo suficiente como para querer comprarlo.

Está bien. Eso sólo significa que ha llegado el momento de salir a buscar otro lugar.

La pregunta es: ¿qué tipo de casa deseas? Antes de empezar a buscar, necesitas decidir qué vas a buscar. ¿Deseas una casa no adosada con un lindo patio? ¿O prefieres vivir en un condominio con una piscina, un gimnasio y quizás un portero? ¿Te gusta andar por las ferreterías y dedicar los fines de semana a hacer arreglos a la casa tú mismo? ¿O prefieres comprarte una casa acabada de construir en un desarrollo recientemente terminado, donde se han ocupado de todo, hasta de las alfombras?

Antes de seguir adelante, tienes que hacerte a ti mismo algunas preguntas básicas, y responderlas con la mayor sinceridad posible.

DOCE PREGUNTAS QUE NECESITAS HACERTE
ANTES DE EMPEZAR A BUSCAR CASA

1. ¿Quiero una casa, un condominio o una casa adosada (un *townhouse*)?
2. ¿Estoy dispuesto a hacer mejoras a la casa después de comprarla?
3. ¿Tengo la habilidad y la motivación para hacer los arreglos necesarios?
4. ¿Tengo el tiempo y el dinero necesarios para hacer los arreglos?
5. ¿Cuántos dormitorios y baños quiero —y cuántos en verdad necesito?
6. ¿Quiero un garaje?
7. ¿Quiero un patio o una piscina?
8. ¿Me interesa el sistema de escuelas?
9. ¿Pienso permanecer en la casa mucho tiempo, o va a ser esto algo a corto plazo?
10. ¿Estoy dispuesto a viajar entre la casa y el trabajo —y si es así, qué distancia?
11. ¿Necesito tener buen acceso al transporte público?
12. ¿Esta casa va a representar para mí un lugar donde voy a vivir, o va a ser, simplemente, una inversión que voy a vender o alquilar tan pronto como me sea posible?

En este momento, puede que te sea difícil sentirte seguro de lo que respondas. Haz lo más que puedas con las preguntas sobre las que te sientas seguro. Créeme, dedicar diez minutos a considerar estas preguntas con toda atención, puede ahorrarte mucho tiempo y frustraciones más adelante.

Cuando terminé mis estudios, compré una casa por $220.000 junto con mi mejor amigo Andrew. Estaba en los suburbios, tenía tres dormitorios y dos baños, y necesitaba muchos arreglos. Éramos jóvenes, pero vimos la casa como una inversión. Decidimos que la viviríamos aproximadamente un año y que después la alquilaríamos y buscaríamos otra propiedad.

Al final, lo que pensamos que iba a ser sólo unos meses de arreglos ("sólo un poco de pintura, cambiar el piso y las alfombras") nos terminó tomando más de un año. Debido a que no teníamos mucho dinero, nosotros mismos hicimos la mayor parte de los arreglos (inclusive ponerle losas a la cocina). Ese primer año nos parecía que todo lo que hacíamos, además de trabajar setenta horas a la semana en nuestros empleos habituales, era trabajar en la casa. Ésta no era la forma en que dos muchachos de veintitantos años querían pasar sus fines de semana.

En conjunto, la experiencia nos enseñó un montón de cosas sobre el mercado de bienes raíces. En primer lugar, me di cuenta de que yo, definitivamente, no quiero pasar los fines de semana haciendo arreglos. También me di cuenta de que detestaba vivir en los suburbios.

La cuestión es que a veces no sabes lo que te gusta o te disgusta hasta después de comprar. Y eso no tiene nada de malo. La vida se trata, sobre todo, de lecciones. Aun así, ahora debes hacer el mayor esfuerzo posible para realmente hacerte estas preguntas.

CUARTO PASO: DECIDE DÓNDE VAS A BUSCAR —Y EMPIEZA A HACERLO

No puedes comprar lo que no has visto. Esto significa ser disciplinado y ajustar tus expectativas a tus medios. Recuerda la historia de John y Lucy Martin. Querían estar cerca de la base, pero en los vecindarios cercanos no había ninguna casa que se ajustara al precio que ellos buscaban. Aun así, ansiaban ser propietarios. Así que en vez de hacer lo que hacen muchos en su situación —que es darse por vencidos y hallar una justificación para seguir siendo inquilinos—, ellos se abrieron a la posibilidad de vivir en un vecindario menos lujoso.

En consecuencia, comenzaron a buscar en un área que no era ideal, y a mirar casas que no eran las de sus sueños. No estaban muy contentos de tener que apuntar más bajo, pero estaban decididos —y esa disciplina tuvo su compensación a largo plazo.

EMPLEA LOS FINES DE SEMANA EN VISITAR CASAS ABIERTAS AL PÚBLICO

Una de las técnicas más corrientes que usan los agentes de bienes raíces para vender una propiedad es abrirla al público por varias horas (usualmente el sábado o el domingo) durante las cuales cualquiera que esté interesado puede pasar y verla. Normalmente, puedes encontrar una lista de casas abiertas al público —con el horario de visita, la dirección y una corta descripción de la propiedad— en la sección de fin de semana del periódico de tu localidad.

De modo que este fin de semana revisa las listas de casas abiertas al público, marca las que están dentro de tu presupuesto, móntate en tu auto y ve a verlas. En pocas horas, vas a poder ver hasta una docena de propiedades y darte cuenta con claridad de lo que hay en el mercado que se ajusta a tu presupuesto.

BUSCA UN MAPA, DIBUJA UN CÍRCULO Y CREA EL BLANCO DE TU MERCADO

No tienes que darle la vuelta al mundo para encontrar la casa que deseas. Todo lo que tienes que hacer es dibujar un círculo en un mapa que cubra un área que quede a una hora en auto, como máximo, de donde vives. Te prometo que en alguna parte dentro de ese círculo vas a encontrar una casa que se ajusta a tu presupuesto.

Bueno, al igual que la primera compra de la familia Martin, es posible que esa casa no tenga la ubicación ideal. Sus amistades les criticaron que se mudaran de la base, y el vecindario que podían costear estaba a veinte minutos de donde querían vivir. Pero las escuelas eran buenas, y si eso era lo que tenían que hacer para convertirse en propietarios, pues eso era lo que iban a hacer.

Lo esencial es que tienes que comenzar por alguna parte.

SI VIVES EN LA CIUDAD, ADHIÉRETE A LA REGLA DE LAS CINCO MILLAS

Si vives en la ciudad, puede que no tengas que ir tan lejos. Sencillamente, dibuja un círculo de cinco millas alrededor de donde vives. En un área urbana, un círculo de ese tamaño probablemente cubra tantas propiedades que podrás encontrar a diez minutos de tu dirección actual una casa que te guste y que se ajuste a tu presupuesto.

Nueva York es un ejemplo clásico. Habla con prácticamente cualquier persona menor de treinta y cinco años y, a no ser que ganen una fortuna, te dirán que no pueden costear el comprarse un apartamento en Manhattan. Claro que no. ¡El precio promedio de un apartamento en Manhattan en la actualidad es de más de $1 millón! ¿Puedes creerlo?

Pero Manhattan no es el único lugar en Nueva York donde uno puede vivir. Toma el tren y pasa solamente cinco paradas después de haber salido de la isla (un viaje que no te debe tomar más de diez minutos o algo así), y encontrarás casas acabadas de construir que empiezan en $300.000, en lugares como Williamsburg, en Brooklyn, y Sunnyside, en Queens. Los astutos que se dieron este viaje en tren fuera de Manhattan hace unos años atrás y compraron en estos vecindarios se han ganado una fortuna porque esas zonas están ahora en boom. ¿Por qué? ¡Porque los vecindarios a precios asequibles son ahora sumamente populares entre los compradores!

Piensa en lo que ha pasado en Oakland, California. En la década de los noventa, nadie te aceptaba una propiedad en Oakland ni regalada. Lo sé porque yo trabajaba allí en aquel entonces. El lugar estaba en la miseria y había mucho crímen. Pero... estaba solamente a diez minutos de San Francisco. Una década más tarde, verás que ahora Oakland está en medio de un boom increíble. Entre 2000 y 2005, los precios de las casas en Oakland se dispararon un 144 por ciento. La ciudad es ahora uno de los mercados de bienes raíces más cotizados del país.

Éste es un punto muy importante. Áreas que están retiradas, o que son muy antiguas y hasta peligrosas, puede que no sean muy cotizadas en este momento, pero eso puede cambiar rápidamente cuando gente como tú, que no tiene el presupuesto para mudarse a áreas más de moda, comienza a mudarse a ellas.

QUINTO PASO:
USA EL INTERNET PARA HACER TU PROPIA INVESTIGACIÓN

Gracias al Internet, la búsqueda de una propiedad es ahora más fácil que nunca. Hoy en día, puedes pasarte un par de horas en línea y juntar información sobre áreas con potencial, algo que hace diez años te hubiera tomado meses recopilar.

Yo empezaría por Google (**www.google.com**), uno de los buscadores más poderosos que existe. No más, indica el nombre del área que te interesa y añade "bienes raíces". Google hace el resto. Te sorprenderá ver cuánta información puedes acumular sin salir de tu casa.

Por supuesto, aunque Google es un buen lugar por donde empezar, no es el único recurso del Internet que puedas usar. Hay un sinfín de sitios web de bienes raíces repletos de información sobre lo que está disponible, dónde y a qué precio. La mayor parte de éstos son sitios comerciales de grandes firmas nacionales de bienes raíces, pero, ¿sabes qué? Tú quieres comprar una casa, y eso es lo que ellos venden.

MIS SITIOS WEB DE BIENES RAÍCES PREFERIDOS

realestate.yahoo.com	www.century21.com
www.coldwellbanker.com	www.homefair.com
www.homes.com	www.homestore.com
www.realestate.com	www.reals.com
www.realtor.com	www.remax.com

SEXTO PASO:
CONSIDERA LA POSIBILIDAD DE COMPRAR EN NUEVOS DESARROLLOS URBANOS

En el momento en que escribo esto, el mercado de casas nuevas está en un boom increíble. De hecho, puedo abrir un periódico local casi en cualquier lugar del país y encontrar un montón de anuncios de nuevos desarrollos urbanos de casas.

Comprar en uno de estos nuevos desarrollos urbanos ofrece muchas ventajas fascinantes. He aquí seis de ellas.

VENTAJA NO. 1: LAS CASAS NUEVAS TIENEN LO QUE EL MERCADO EXIGE

No hay nada como una casa nueva o un condominio nuevo. Si el constructor ha hecho un buen trabajo, te vende una casa nueva con casi todos los detalles y acabados más populares del momento. Ya sea grande o pequeña, es casi seguro que una casa nueva va a estar diseñada para que resulte agradable a la vista. Es decir, tendrá características llamativas que harán que los compradores se animen a sacar las chequeras: por ejemplo cocinas grandes, más áreas abiertas, armarios más espaciosos y baños principales más grandes.

Esto es importante, pues cuando te llegue la hora de vender (especialmente si piensas hacerlo dentro de un plazo de cinco años), te conviene poder ofrecer una propiedad que a otros compradores les resulte atractiva.

VENTAJA NO. 2: TODO FUNCIONA

Cuando compras una casa nueva, todo funciona; y si algo no funciona, normalmente lo cubre la garantía que te protege por lo menos un año. Claro, siempre puedes comprar una póliza de seguro para propietarios que cubra las reparaciones si la casa es más vieja, pero hay muchas más probabilidades de que haya problemas con una propiedad vieja que con una nueva, y aun cuando los gastos estén cubiertos, no querrías verte metido en ese rollo. Además, si la casa tiene más de veinte años, los problemas —con la plomería, la electricidad, el comején, los cimientos, etc.— pueden ser interminables. Lo más seguro es que una propiedad nueva no tendría esos inconvenientes.

VENTAJA NO. 3: LA COMPAÑÍA CONSTRUCTORA PUEDE AYUDARTE CON EL FINANCIAMIENTO

Con el fin de simplificar el proceso de la compra de casas, muchas de las grandes compañías constructoras de casas te ayudan con el financiamiento y en algunos casos, hasta ofrecen hipotecas con pagos iniciales tan bajos como $1.000; en otros, ofrecen un interés fijo del 2 por ciento durante el primer año, 3 por ciento el segundo año y 4 por ciento el tercer año, tras lo cual la tasa es ajustable.

¿Cómo pueden hacer esto? Bueno, algunas de las grandes compañías constructoras son ahora dueñas de sus propias compañías de hipotecas, y el ofrecer buenos términos de financiamiento les ayuda a vender las casas más rápido. Para ellos esto es buen negocio, y te facilita a ti las cosas.

VENTAJA NO. 4: LOS COMPLEJOS URBANOS NUEVOS GENERALMENTE SE UBICAN EN GRAN DESARROLLO

Casi siempre, la decisión más importante que toma una empresa constructora cuando planea un desarrollo urbano es decidir cuánto está dispuesta a pagar por el terreno. Una compañía constructora inteligente te dice que si logra hacer un buen negocio con la compra del terreno, puede garantizar casi completamente sus ganancias con el resto del proyecto. Normalmente, esto significa que tratan de evitar los terrenos muy caros de las áreas muy pobladas, para comprar terrenos a buenos precios en áreas a donde la gente, con el tiempo, se va a mudar.

¿Cómo identifican los constructores estas zonas próximas a convertirse en áreas en gran demanda? Emplean millones de dólares en estudiar las tendencias demográficas y en analizar los movimientos de población. Observan desde dónde se construyen las nuevas vías de transporte y hasta dónde se extienden las nuevas autopistas. ¿Va a haber transporte público? ¿Planea la ciudad construir un parque nuevo en el área? Los constructores inteligentes toman en cuenta todas estas cosas y compran el terreno antes de que los demás (tú y yo) ni siquiera sepamos lo que sucederá dentro de poco tiempo.

El asunto es que cuando compras en un desarrollo nuevo, especialmente si le compras a una de las compañías constructoras grandes, obtienes el beneficio de toda la investigación demográfica que la compañía ha hecho para identificar un área que está a punto de experimentar un boom. En otras palabras, con frecuencia entras desde el comienzo en lo que va a ser un área que, en muy poco tiempo, va a ser muy cotizada y donde las propiedades van a aumentar enormemente de valor.

TEN CUIDADO CON LOS MERCADOS

Todas estas ventajas son magníficas, pero aun así necesitas educarte. No solamente abundan los constructores piratas que no inspiran confianza y que están listos a aprovecharse de compradores confiados, sino que también los expertos temen que hay muchas áreas con exceso de desarrollos —las más señaladas son Miami y Las Vegas. Si compras en un mercado fabuloso en el momento equivocado, puedes perder hasta los pantalones.

En el momento en que escribo esto, en Miami hay alrededor de 60.000 apartamentos o bien bajo construcción, o bien con los permisos aprobados para construir, o en algún punto del proceso de aprobación de los permisos, y casi 40.000 en Las Vegas —la mitad de los cuales los expertos estiman que serán comprados por especuladores que esperan revenderlos y sacarles una ganancia. Yo calculo que en unos pocos años muchos de los condominios en estos mercados van a terminar embargados, cuando los compradores descubran que no les van a sacar ninguna ganancia o que no pueden alquilarlos a un precio que les cubra el pago de la hipoteca.

Pero ¿sabes?, lo que es una mala noticia para los especuladores puede ser una buena noticia para ti. Una vez que la burbuja explote en algunos de estos mercados alocados, es posible que tú encuentres algunas propiedades increíbles a un 50 por ciento menos de lo que costaban en 2005, lo que crearía una gran oportunidad para comprar casas relativamente nuevas, o condominios, a precios excelentes.

VENTAJA NO. 5: LO NUEVO FRECUENTEMENTE SE VENDE MÁS FÁCILMENTE QUE LO VIEJO

Más tarde o más temprano (y probablemente más temprano), vas a poner tu casa a la venta. Si la compraste nueva, es casi seguro que tu propiedad todavía va a estar en buenas condiciones y, por lo tanto, no vas a tener que gastarte un montón de dinero en arreglarla antes de venderla. Es más, si estás en un desarrollo nuevo, probablemente habrá demanda entre posibles compradores que no tuvieron oportunidad de comprar durante la primera fase y que están ansiosos por hacerlo ahora.

VENTAJA NO. 6: LAS PROPIEDADES NUEVAS SON MÁS FÁCILES DE ALQUILAR

En el Capítulo Diez vamos a ver cómo progresar de ser simplemente el propietario de la casa donde vives, a comprar casas adicionales que puedes alquilar. Pero por ahora, es suficiente con decir que si has considerado alquilar algún día la casa que vas a comprar, debes estar consciente de que, normalmente, es mucho más fácil alquilar una casa nueva que una vieja. Y además, no cabe duda de que vas a tener menos problemas con el mantenimiento de la casa.

> ### SÉPTIMO PASO:
> ### CONSIDERA LA POSIBILIDAD DE
> ### COMPRAR UNA CASA PARA ARREGLARLA

Te acabo de dar seis razones por las cuales comprar una casa nueva puede resultar ser una gran inversión. Pero eso no quiere decir que debas descartar la idea de comprar una más vieja.

Como te mencioné, mi primera experiencia cuando compré

una casa me demostró que yo no soy el tipo de persona a la que le gusta hacer arreglos. Pero ése soy yo. Muchas personas —inclusive algunos de mis clientes y alumnos— han ganado fortunas con casas que arreglan (y se han entretenido mucho mientras lo hacían).

La ventaja obvia de comprar una casa para arreglar es que va a costar menos que una que esté en buenas condiciones. Otra ventaja es que después que has terminado de arreglarla, la puedes vender y ganarte bastante. Así es como muchas personas se abren camino invirtiendo en bienes raíces, y es muy buen negocio para aquellos que no quieren ser dueños y tener que lidiar con inquilinos.

Uno de mis ejemplos favoritos de esto es un antiguo cliente mío que se llama Daryl. Es un ingeniero petrolero que se retiró de la Chevron a los sesenta años con la idea de jugar golf todos los días, todo el día.

Al cabo de seis meses no podía soportar el aburrimiento. Y al cabo de poco tiempo, tenía a su esposa, Vicki, fuera de sí. Entonces un día vio a la venta una casa que "necesitaba arreglos".

A la mañana siguiente, se apareció en mi oficina con un plan.

—La casa está a la venta por $350.000 —me dijo—. Creo que necesita como $45.000 en reparaciones. ¿Qué te parece la idea de que yo compre esta propiedad y la arregle? Dado el vecindario en que está y los precios a que se venden las casas ahí, apuesto a que puedo venderla como en $500.000.

Confié en los cálculos de Daryl porque él vivía en el vecindario desde hacía veinte años. Pero de todas formas, tenía que preguntarle algo.

—¿Quién va a hacer los arreglos? —le pregunté.

—Vickie y yo. Nos parece que sería divertido.

Le conté a Daryl cuánto me "divertí" yo cuando arreglé la casa que había comprado, pero no logré disuadirlo.

—Es algo que siempre he querido hacer —me dijo—. Vamos a intentarlo.

Para hacer la historia corta, te diré que Daryl y Vickie no sólo hicieron la mayor parte del trabajo ellos mismos, sino que lo terminaron en menos de cuatro meses, tras los cuales vendieron la propiedad en $485.000. Resultó ser un poco menos que los $500.000 que Daryl esperaba poder sacarle, y el costo de los arreglos fue de $55.000, es decir, un 20 por ciento más de lo que Daryl había calculado inicialmente. Pero aun así, y después de pagarle la comisión al agente de bienes raíces, ¡tuvieron una ganancia de más de $50.000!

Después de esa experiencia, Daryl se volvió un fanático. En los últimos seis años, ha comprado cuatro casas para arreglar. Y no sólo la pasa bien, sino que también gana dinero —tanto, que no ha tenido que recurrir a lo que tenía ahorrado para su jubilación.

CÓMO EVALUAR UNA CASA QUE NECESITA ARREGLOS

Hay dos tipos de casas que necesitan arreglos: las que necesitan arreglos cosméticos y las que necesitan arreglos estructurales.

Una casa que necesita arreglos cosméticos es aquélla que sólo necesita retoques. Necesita cosas tan sencillas como pulir el piso de madera o limpiar el patio y sembrar hierba. Cuando más, puede incluir cambiarle el frente de los gabinetes de la cocina. Los arreglos cosméticos son casi siempre más baratos y fáciles de hacer que los estructurales.

Los arreglos estructurales son como la palabra lo indica. Involucran "cosas grandes", tales como el techo, la electricidad, la plomería o los cimientos, lo cual generalmente significa mucha mano de obra y gastos considerables. Lo bueno es que este tipo de problemas pueden resultar tan costosos o difíciles de arreglar que casi siempre consigues la propiedad a buen precio.

En ambos casos, antes de decidirte por una casa que necesite arreglos, asegúrate de que conoces bien los problemas que tiene. Obtén estimados de al menos tres contratistas de primera para que te digan cuánto creen que costarían los arreglos y cuánto tiempo se demorarían. Entonces, añádele el 50 por ciento y pregúntate a ti mismo si en verdad tienes el tiempo y el dinero para ponerte a trabajar en el proyecto.

TRES SECRETOS PARA TENER ÉXITO CON LOS ARREGLOS

1. **No compres una casa que necesite arreglos en un vecindario que esté repleto de casas que requieren reparaciones.** El secreto para lograr ganar dinero en grande en este juego es comprarte una casa que necesite arreglos en la mejor área posible. Quieres la propiedad más barata de un vecindario, no la más cara. Para hablar sin rodeos, necesita ser la peor casa en la mejor cuadra.

2. **Pregúntale a tu asesor hipotecario sobre préstamos para hacer mejoras a la casa.** Algunas compañías ofrecen ahora lo que se llama "préstamos para renovaciones" o "préstamos para compras y renovaciones"—hipotecas para financiar tanto la compra de una casa como el costo de los arreglos.

3. **¡Protégete de las tendencias alcistas!** No esperes vender la casa que renovaste y tener ganancia a menos que la hayas comprado a precio de ganga. Esto significa que sólo deberás considerar la compra de propiedades que necesiten arreglos si el precio de venta de las mismas es un 20 por ciento por debajo del precio de mercado preponderante.

OCTAVO PASO:
CONSIDERA LA POSIBILIDAD DE
COMPRAR UNA CASA PARA DOS FAMILIAS

Ésta es una opción excelente para posibles compradores cuyos ingresos son erráticos, inciertos o, simplemente, demasiado bajos para cubrir el costo de tener una casa. La idea es sencilla: compras una casa dividida en dos apartamentos, vives en uno de los apartamentos y alquilas el otro —y usas ese dinero para cubrir parcial o completamente el pago de la hipoteca y otros gastos.

Tal vez pienses, "Nunca voy a tener el dinero para comprar una casa bifamiliar". Pero quizás estés equivocado. Con frecuencia, la renta de una de las unidades puede ayudarte a pagar una porción muy grande de tu hipoteca. Tengo amigos que viven en la planta alta de su casa y prácticamente cubren el gasto completo de la casa con lo que recaudan en alquiler de la unidad de la planta baja. En otras palabras, casi viven gratis.

Si compras una casa bifamiliar con la idea de alquilar una de las unidades, lo importante es el flujo de dinero que puede producir. Siempre y cuando puedas cobrar una renta que te permita cubrir tus gastos, no importa cuánto suman los gastos en total.

Lo que sí importa es que no te molesten las responsabilidades que representa ser dueño. Es a ti a quien van a llamar cuando se rompa una tubería a las dos de la madrugada. Una vez dicho esto, lidiar con inquilinos no tiene por qué ser siempre una pesadilla. Lo fundamental es tener cuidado de a quién le alquilas. Existen libros dedicados a este tema. Es un hecho que no puedes discriminar en base a la religión, la raza, edad o el sexo, pero lo que sí puedes hacer es asegurarte de que el candidato es fiable. Puedes revisar el historial de crédito de la persona (pídeles permiso y haz que ellos lo paguen) y pídele referencias a quien le alquilaba anteriormente y al empleador actual. Y lo mejor de todo, puedes contratar a una compañía que le dé mantenimiento a la propiedad, la cual se encargaría de hacer todos estos trámites en tu lugar.

NOVENO PASO:
AVERIGUA EN CUÁNTO SE VENDEN
LAS PROPIEDADES COMPARABLES

Una de las cosas que crea dificultades al comprar bienes raíces es que con frecuencia es difícil calcular cuánto en verdad vale una propiedad específica.

Solamente hay una forma de saberlo con certeza. Son los comparables —un estudio que se hace para saber en cuánto se han vendido otras casas por el vecindario. Cualquier agente de bienes raíces que valga la pena te hará este estudio sin costo alguno, y durante los últimos años han surgido varios sitios web que te permiten a ti mismo hacerlo. Uno de ellos es **www.homesmartreports.com,** el cual cobra $25 por un análisis concienzudo de los tipos de ventas que han tenido lugar en un determinado vecindario, que toma en cuenta el número de propiedades embargadas, así como las ventas recientes de casas que se han comprado para arreglar y vender rápidamente. Existen comparables gratis menos detallados a través de **www.domania.com** y **www.homegain.com,** y otro por $6.95 a través de **www.equifax.com.**

La mayoría de los expertos recomienda que el estudio abarque desde los últimos noventa a 180 días. Pero, en realidad, depende del mercado. El mercado de bienes raíces funciona a nivel local. Algunos mercados se cotizan tanto que necesitas evaluar los comparables más recientes posibles. Otras zonas se mueven tan lentamente que te vas a ver en la necesidad de hacer un estudio que abarque más de un año para poder familiarizarte con el mercado.

Debes sacar los comparables aun cuando conozcas el vecindario. No es lo mismo creer que sabes a cuánto están las propiedades y realmente saberlo. Tu decisión al comprar debe basarse en hechos concretos, no en la intuición.

DÉCIMO PASO:
PRESENTA UNA OFERTA

No sentirse temeroso al presentar una oferta para la compra de una casa es la excepción, no la regla. La mayoría de la gente se siente muy nerviosa al hacer una oferta para adquirir una propiedad. Hay tantos factores que tomar en cuenta —y tanto dinero en juego—, que tomar la decisión puede acabar con los nervios.

Después de haber comprado tres propiedades en los últimos tres años, sí puedo decirte que mientras más lo hagas, esto se convierte en una labor más fácil. Pero jamás llega a ser muy fácil.

Comprendo absolutamente lo que es quedarse paralizado y no poder tomar una decisión. A mediados de los noventa me sucedió que no pude tomar una decisión durante casi cuatro años.

Comenzó cuando mi amigo Andrew y yo al fin pudimos alquilar la casa que habíamos comprado para arreglar. Logramos alquilársela a un inquilino a un precio que nos permitía cubrir la hipoteca. Tenía muchos deseos de mudarme a San Francisco, pero no me sentía cómodo con los precios de esa ciudad, de modo que alquilé un apartamento en el distrito de la Marina por $1.250 al mes. No pasó mucho tiempo antes de que me diera cuenta de que era una tontería alquilar, y le pregunté a la dueña de mi apartamento si le interesaría venderme el edificio, un edificio pequeño que tenía solamente dos apartamentos de una habitación. Se me ocurrió que no costaría mucho.

Resultó ser que a la dueña sí le interesaba vender, pero quería $500.000 por el edificio. ¡Me dijo que mi pequeño apartamento valía $250.000!

Pensé que aquello era una locura. Así que en vez de decidirme a comprar, los fines de semana me convertí en "analista profesional de las casas a la venta que abrían al público". Los meses que siguieron, busqué y busqué y busqué casas en el área de la Marina. Con bastante rapidez, llegué a conocer muy bien el mercado de bienes raíces local. Conocía lo que estaba a la venta y lo que no. Sabía casi inmediatamente si el precio de una casa era el indicado. También llegué a conocer a los agentes de bienes raíces de la localidad, pues hablaba con ellos cuando visitaba las casas abiertas que estaban a la venta.

Desafortunadamente, no presenté ninguna oferta. Pasaron dos años y mi apartamento, que pude haber comprado por $250.000 al mudarme a él, ahora valía cerca de $350.000. ¡El edificio que me habían ofrecido por $500.000 ahora valía alrededor de $750.000!

¿Aprendí algo?

Por supuesto que no. Una vez más, pensé que era una locura. "¡El mercado tiene que empezar a bajar!" me dije a mí mismo y me quedé sin hacer nada.

LA INFORMACIÓN SIN OFERTAS CUESTA DINERO

Cuando por fin llegué a comprar, ¡había desperdiciado cuatro años! El resultado fue que terminé pagando $640.000 por un apartamento de dos habitaciones que probablemente pudiera haber comprado por $300.000 cuando me mudé por primera vez a la Marina. Por supuesto, gané bastante cuando lo vendí en $900.000, menos de cuatro años después. Pero si lo hubiese comprado cuando debí haberlo hecho, hubiese ganado el doble.

Mi parálisis me costó mucho dinero. Si tuviera que hacerlo de nuevo, habría sacado los comparables y habría hecho una oferta en el momento preciso en que la dueña me dijo que estaba dispuesta a vender.

Aprende de esta lección. Sigue las indicaciones que he presentado en este capítulo y empieza a buscar propiedades. Pásate algunos fines de semanas (o quizás hasta un mes) visitando casas abiertas. Pero luego DEJA DE MIRAR Y HAZ UNA OFERTA.

Los errores más grandes que he cometido con respecto a los bienes raíces no han sido con lo que sí compré, sino con lo que no compré cuando tuve la oportunidad. Son las ofertas que no presentas las que, al final, te cuestan dinero.

ONCEAVO PASO:
ESTÁTE PREPARADO PARA CERRAR

Después de que presentas la oferta para la compra de una casa y te dan la buena noticia de que te la han aceptado, no creas que ahí terminó todo. Todavía falta el trámite de compra, y esto puede ser un proceso complicado que puede tardar semanas, y hasta meses. He aquí cuatro cosas que puedes hacer para ayudar a que el proceso resulte lo menos conflictivo y lo más rápido posible. Tu agente de bienes raíces debe poder ayudarte con esto.

1. **Pide una inspección de la propiedad y ve a verla en persona.** A no ser que hayas comprado una casa nueva hecha por encargo, nunca debes finalizar la compra sin pedir primero una inspección hecha por un profesional. Tu agente de bienes raíces o tu asesor hipotecario deben poder recomendarte alguien —preferiblemente los dos. Y asegúrate de que sea miembro de la Sociedad Estadounidense de Inspectores de Casas (*American Society of Home Inspectors,* **www.ashi.org**) o del Instituto Nacional de Inspectores de Construcciones (*National Institute of Building Inspectors,* **www.nibi.com**). Es esencial hacer una inspección a fondo de la casa, ya que esto puede servir para des-

cubrir problemas serios de estructura, goteras, electrodomésticos que no funcionen, problemas con la electricidad o la plomería y demás. (Quizás debas también pensar en pedir una inspección de comején, y si la propiedad tiene un tanque de agua o un pozo, pide también una inspección de éstos.) Aunque el inspector profesional te va a dar un informe por escrito, no te sientes a esperar a que te lo mande. Preséntate en la casa mientras hace la inspección. Si tienes un agente de bienes raíces (y deberías tenerlo), asegúrate de que él o ella también esté presente. Sería agradable pensar que todos los inspectores son eficientes, pero no es así. *Quien te haga la inspección muy probablemente hará una mejor labor si tú estás presente.*

2. **Compra un seguro para propietarios.** La compañía hipotecaria que te dé el préstamo probablemente va a requerir que obtengas seguro para propietarios antes de la compra. Esta póliza de seguro es para protegerte de pérdidas debido a incendios, daños por inclemencias del tiempo, robo y demás. Si vives en un área donde hay terremotos o inundaciones, quizás necesites una póliza por separado que cubra estas eventualidades. Si vas a comprar un condominio, averigua qué tipo de cobertura tiene el edificio y qué es lo que corre por tu cuenta.

SITIOS WEB PARA ENCONTRAR UN SEGURO A BUEN PRECIO

SITIOS EDUCACIONALES	SITIOS PARA COMPRAR
www.consumerfed.org	www.allquotesinsurance.com
www.insurance.info	www.homeownerswiz.com
www.nclnet.org	www.homesite.com
www.pueblo.gsa.gov	www.netquote.com

3. **Informa a tu asesor hipotecario.** Aunque te haya preaprobado para la hipoteca, esto no significa que se trata de un acuerdo ya finalizado. Para empezar, la compañía hipotecaria tiene que asegurarse del valor de la casa que vas a comprar. Por otro lado, muchos documentos muy importantes están aún pendientes. Mientras más pronto tu asesor hipotecario comience a tramitar todo esto, más rápidamente vas a poder finalizar la compra.

4. **Pide una tasación de la propiedad hecha por un profesional.** Aparte de la inspección de la propiedad, nada es más esencial en la compra de una casa —o que más pueda retrasar la transacción— que la tasación de la casa por parte de un profesional. Como es algo que puede tardar semanas, trabaja en conjunto con tu asesor hipotecario para comenzar las gestiones de la tasación en el mismo momento en que acepten tu oferta.

DOCEAVO PASO:
PONTE UN PLAZO LÍMITE
—Y PONLO POR ESCRITO

Soy un fiel creyente en los "sueños con plazo". Si en verdad quieres comprar una casa, entonces una de las cosas más importantes que puedes hacer para lograr que ese sueño se convierta en realidad es ponerte un plazo límite.

A continuación aparece lo que llamo la *Promesa de un Millonario Automático Dueño de Casa*. Por favor busca un bolígrafo y complétalo en este mismo instante. Puede que suene tonto, pero créeme, he visto personalmente cuán efectiva resulta este tipo de práctica para ponerte en acción.

PROMESA DE UN MILLONARIO AUTOMÁTICO DUEÑO DE CASA

Yo, _____ (pon tu nombre), sé que merezco ser dueño de una casa, y sé que puedo hacerlo.

Me prometo a mí mismo que voy a ocuparme de que me preaprueben para obtener una hipoteca antes de _____ (pon la fecha).

Por la presente, me prometo a mí mismo que a partir de _____ (pon la fecha), voy a empezar a visitar las casas abiertas al público.

Voy a presentar una oferta para comprar una propiedad antes de _____ (pon la fecha).

Me prometo a mí mismo que seré dueño de una casa antes de _____ (pon la fecha).

Firmado: _____

Algunas personas que lean este libro se van a quejar de que para ellos ya es muy tarde comprar una casa, y mucho menos llegar a ser ricos en el mercado de bienes raíces. Van a haber comprado este libro para hacer realidad un sueño, pero no van a hacer nada al respecto.

Por otro lado, habrá personas que lo leen ¡y toman acción! Sé tú una de ellas. Deja que los demás sigan deseando y esperando. Conviértete tú en alguien que toma acción y que lleva a cabo las cosas. Y hazlo ahora mismo —¡en este instante! **¡Haz un compromiso —y fírmalo!**

ASÍ QUE YA TE PREAPROBARON LA HIPOTECA: CÓMO SOBREVIVIR AL CIERRE

Siempre resulta emocionante cuando tu asesor hipotecario te llama para decirte que la compañía hipotecaria ha hecho un estudio de la casa que quieres comprar y ha dado el visto bueno final y oficial del préstamo hipotecario que te preaprobaron. Pero no descorches todavía la botella de champaña. Todavía te faltan algunas cosas por hacer para asegurarte de que tus intereses están protegidos.

Para empezar, debes revisar muy detalladamente las condiciones de tu nueva hipoteca en conjunto con tu asesor hipotecario. ¿Son los términos, la tasa de interés y TODAS las otras condiciones (tales como el tope al que puede llegar la tasa, los puntos, las penalidades si pagas el préstamo antes del plazo estipulado y demás) exactamente como te habían dicho? De no ser así, insiste en que te expliquen a fondo lo que han cambiado y por qué.

CONOCE POR ANTICIPADO LOS COSTOS RELACIONADOS AL CIERRE Y EVITARÁS SORPRESAS DE ÚLTIMO MOMENTO

Es de esperar que negociaste los costos relacionados al cierre cuando te preaprobaron la hipoteca (regresa a la página 146 y

vuelve a leer esa sección). De todos modos, la compañía hipotecaria está obligada por ley a darte un "estimado de buena fe" de lo
que van a ser los costos de cierre dentro de un plazo de tres días
después de tu solicitud del préstamo hipotecario. Es aún mejor preguntarle al asesor hipotecario si puede *garantizar* un precio determinado de estos costos. La mayoría de las compañías hipotecarias
no van a hacerlo, pero otras sí. De todos modos, la ley te da el derecho a ver una versión preliminar de lo que se llama el HUD-1, una

COSTOS ESTIMADOS DE CIERRE	
Los costos de cierre varían según donde vivas. A continuación, aparece una lista de los costos típicos y el nivel de precios. Los estimados se basan en una casa de $150.000 con un pago inicial del 20 por ciento.	
Cargo	Precio
Cargo de la solicitud (puede incluir costo del informe de crédito)	$75-$300
Cargo de iniciación del préstamo	1% a 1,5% del préstamo
Cargo de la tasación	$350-$700
Cargo de inspección por la compañía hipotecaria	$175-$350
Investigación del título, seguro de título de la compañía hipotecaria	$700-$900
Cargos del registro de la escritura, la hipoteca, los impuestos de la ciudad/del condado/estatales	Hasta 1,5% del préstamo
Costos de cierre hipotecario	$500-$1.000

Fuente: Federal Reserve Board

planilla que especifica detalladamente todos los costos de cierre relacionados a la hipoteca, al menos un día antes de la firma.

En la página anterior aparece una lista de algunos costos típicos de cierre de la operación para que tengas una idea de qué esperar —y qué es lo justo.

ASEGÚRATE DE LEER EL
HUD-1 DETALLADAMENTE

Como acabo de mencionar, el HUD-1 es un informe oficial detallado (que incluye todos los costos de tu hipoteca, cargos por interés, impuestos sobre la propiedad, pagos mensuales y demás) junto con una tabla completa de amortización. Tienes derecho a recibir una copia preliminar de este informe al menos veinticuatro horas antes de la firma. Poca gente sabe esto o pide ver el HUD-1 por anticipado. En vista de los muchos gastos inesperados que con frecuencia aparecen literalmente al último minuto, no revisar el HUD-1 lo antes posible —o hacerlo sin la ayuda tanto de tu asesor hipotecario como de tu abogado— es un gran error.

Créeme que no vas a querer leerlo por primera vez en una oficina de título justo después que te hayan dado a firmar una pila de tres pulgadas de espesor de contratos. Recientemente firmé un préstamo comercial de un local para oficina que compré, y el haber leído el HUD-1 la noche anterior me permitió darme cuenta de un error serio. Se suponía que la hipoteca que yo había solicitado era de veinte años con un pago final global en diez años (lo cual quiere decir que aunque los pagos se calculaban como si yo tuviera veinte años para pagar el préstamo, en realidad era pagadero en un plazo de sólo diez años). En vez de eso, al leer el HUD-1 vi que indicaba que el préstamo global era pagadero en cinco años. Inmediatamente llamé a mi banco y a mi abogado, quienes arreglaron el error de imprenta en cuestión de minutos y se disculparon por no haberse dado cuenta. Si yo no hubiera leído detalladamente este documento la noche anterior, pudiese haber terminado con un préstamo distinto al que me habían prometido, y me hubiera costado miles de dólares.

Así que asegúrate de leer el HUD-1.

UNA MAGNÍFICA SUGERENCIA: La Reserva Federal ha preparado un folleto realmente útil en inglés que se llama la *Guía del consumidor sobre costos de cierre hipotecario* (*A Consumer's Guide to Mortgage Settlement Costs*). Lo puedes obtener gratis en el sitio web de la Reserva Federal, **www.federalreserve.gov.** Haz clic en *"consumer information"* (información al consumidor).

¡Felicidades! Ahora ya sabes cómo encontrar y comprar una casa —inteligentemente. A continuación, te voy a hacer partícipe de un secreto para hacer este proceso menos estresante y más agradable.

PASOS DE ACCIÓN PARA EL MILLONARIO AUTOMÁTICO DUEÑO DE CASA

Como repaso de las medidas que hemos presentado en este capítulo, he aquí lo que debes hacer ahora mismo para encontrar una casa para comprar.

❑ Llena y firma la Promesa del Millonario Automático Dueño de Casa.

❑ Si alquilas, pregúntale al dueño si quiere vender.

❑ Decide qué tipo de casa quieres comprar.

❑ Escoge un vecindario y empieza a visitar las casas abiertas al público ("OPEN HOUSE") en esa área.

❑ Toma en consideración los nuevos desarrollos urbanos, las casas para arreglar o las casas bifamiliares.

❑ Cuando encuentres una casa que te guste, ¡investiga los comparables y haz una oferta!

❑ Infórmale a tu asesor hipotecario y prepárate para finalizar la compraventa.

❑ Visita **www.finishrich.com/homeowner/chapterseven** para escuchar el audio en inglés gratis de este capítulo.

CAPÍTULO OCHO

CÓMO CONTRATAR A UN BUEN ASESOR DE BIENES RAÍCES

Seamos honestos. Inclusive con todo lo que has aprendido acerca de cómo convertirte en un Millonario Automático Dueño de Casa, comprar y vender casas puede ser una labor estresante. Hay mucho que hacer y mucho que saber.

Por suerte, existe una manera sencilla de convertir esa tarea en un proceso fácil y agradable. Lo que necesitas es buscar un agente de bienes raíces profesional con licencia. Un buen agente de bienes raíces puede ser el entrenador que necesitas para hacer que tu experiencia de compra de tu casa sea tan placentera como beneficiosa desde el punto de vista económico.

Esto es exactamente lo que hicieron John y Lucy Martin. Durante todo ese proceso, desde la primera casa que compraron la ellos, hasta la casa soñada que adquirieron recientemente, recibieron la orientación de agentes de bienes raíces que les enseñaron cómo sacarle provecho a la compra y venta de propiedades —lo que al final hizo posible que se convirtieran en Millonarios Automáticos Dueños de Casa. Mi experiencia con agentes de bienes raíces ha sido similar. Igual que la familia Martin, yo he utilizado agentes de bienes raíces en cada una de mis transacciones de compra o venta de propiedades inmobiliarias. El valor que estos profesionales me han aportado a lo largo de los años me ha permitido ahorrar una gran cantidad de dinero y, además, crear una fortuna.

Ahora te toca a ti. Este capítulo está escrito para enseñarte lo que hace exactamente un agente de bienes raíces y cómo puedes encontrar uno de gran calidad. No te tomará mucho tiempo leerlo, pero puede hacer que un recorrido posiblemente estresante e improductivo se convierta en un proceso divertido y lucrativo.

8 COSAS IMPORTANTES QUE UN BUEN AGENTE DE BIENES RAÍCES PUEDE HACER POR TI

Antes de convertirme en asesor financiero, fui agente de bienes raíces (me especializaba en propiedades comerciales), y he trabajado con agentes de bienes raíces en todas mis transacciones inmobiliarias. Sé, por experiencia propia, todo lo que pueden ayudarte. Pero también sé que no todos los agentes de bienes raíces son iguales. En el momento en que escribo esto, hay alrededor de dos millones de agentes de bienes raíces en Estados Unidos, y cada día más personas se integran a esa profesión. Hay agentes que trabajan a tiempo completo, y otros que trabajan sólo a tiempo parcial. Muchos son excelentes —pero no todos. Entonces, ¿cómo encuentras al que pueda hacerte ganar dinero y hacer tu vida más fácil durante el proceso de compra o venta de una casa? He aquí una lista de las cosas que debes buscar:

1. **Un buen agente de bienes raíces te prestará atención.** Los buenos agentes de bienes raíces son personas que saben escuchar. Es necesario que lo sean para poder ayudarte de verdad. Cuando un agente de bienes raíces de calidad se encuentra contigo por primera vez, él o ella te hará muchísimas preguntas para descubrir qué es lo que buscas, qué es lo que realmente quieres, por qué lo quieres y, sobre todo, cuánto es lo que crees que puedes costear.

2. **Un buen agente de bienes raíces te ayudará a calcular cuánto es lo que realmente puedes costear.** Como he dicho anteriormente, cuando se trata de comprar una casa, por lo general existe una gran diferencia entre lo que crees que puedes costear y lo que REALMENTE puedes costear. Si todavía no has seguido mi consejo de conseguir que te aprueben para una hipoteca, lo primero que hará un agente de calidad es ayudarte a determinar aproximadamente, de manera realista, cuánta casa puedes de verdad comprar. Lo menos que hará él o ella es sacar cuentas con las cifras que tú le proporciones, y cuando menos te dará un estimado aproximado de cuáles son los límites de precio de casas que deberías buscar. El agente sabrá qué desarrollos urbanos aceptan financiamiento bajo o sin pago inicial, y cuáles exigen un 20 por ciento. Un buen agente también te recomendará por lo menos tres asesores hipotecarios que podrán ayudarte a que te aprueben por una cantidad exacta de préstamo hipotecario.

3. **Un buen agente de bienes raíces te ahorrará tiempo al precisar tu búsqueda.** No es fácil encontrar la casa apropiada en el sitio apropiado y al precio apropiado. Un agente de calidad te ayudará a determinar qué es exactamente lo que buscas —y luego limitará las posibilidades a niveles manejables. Entre

otras cosas, él o ella aprovechará lo que se llama Listado Múltiple de Casas en Venta *(Multiple Listing Service,* o *MLS),* un directorio computarizado de búsqueda de las propiedades inmobiliarias que están a la venta, y que sólo está a disposición de profesionales con licencia. Un buen agente no te dejará exhausto (ni te hará perder el tiempo) al arrastrarte por toda la ciudad para ver demasiadas propiedades. Por el contrario, un agente de calidad te mostrará una selección de lo que encontró en Internet, lo que te permitirá reducir tus opciones antes de salir a la calle. Entonces, él o ella te llevará "de gira" por las casas que has escogido, y llevará la cuenta de las que te gustan.

4. **Un buen agente de bienes raíces te educará acerca del mercado.** Los agentes de bienes raíces de calidad no sólo saben lo que está a la venta en un vecindario específico. También conocen el vecindario. Pueden contarte todo respecto a la historia de una zona, lo que la hace especial y cuál creen que es el futuro del mercado inmobiliario en esa área. Si te interesa una urbanización nueva, el agente puede decirte lo que sabe acerca del historial del constructor y de sus planes para el futuro.

5. **Un buen agente de bienes raíces te ayudará a determinar el precio que debes ofrecer por una propiedad que quieres comprar —y cómo evaluar una oferta de compra cuando eres tú el que vende.** Una vez que hayas encontrado algo que te guste, tendrás que hacer una oferta. Si estás vendiendo una propiedad, tendrás que decidir si aceptas o rechazas las ofertas que recibes. Para tomar una decisión inteligente, necesitarás una gran cantidad de información rápidamente. Un agente de calidad te dará esa información. Quizás lo más importante es que él o ella hará "comparables"—te brindará un análisis de los precios a los que se han estado vendiendo las propiedades comparables en esa zona.

6. **Un buen agente de bienes raíces te mostrará de qué formas se puede aumentar el valor de la propiedad.** Desde el momento

en que un agente de calidad ve una propiedad, piensa en qué se puede hacer para aumentarle el valor. Instalar nuevos armarios de cocina, quitar las alfombras, pulir los pisos de madera, echar abajo esta pared, eliminar el dormitorio de atrás y añadir un baño grande —los buenos agentes van a observar una propiedad y de inmediato comienzan a sugerir de qué formas puedes hacerla más atractiva y valiosa. También pueden recomendarte constructores confiables que pueden convertir esas sugerencias en realidad. Y pueden ayudarte a "arreglar" una casa que quieres poner a la venta: en esencia, te pueden ayudar a acicalar la casa para que luzca lo mejor posible ante los posibles compradores.

7. **Un buen agente de bienes raíces estará junto a ti y te dará apoyo durante el cierre.** A menudo las horas que se emplean en el cierre de la compra de una casa, en la oficina de títulos de propiedad, pueden hacerte sentir intranquilo. Un buen agente se asegurará de que vayas bien preparado a esa reunión. Los buenos agentes revisan todo el papeleo contigo y con tu abogado, en busca de posibles errores. También trabajarán estrechamente contigo y con tu banquero o agente hipotecario para asegurarse de que tu préstamo esté correcto y que todos los documentos del cierre estén en orden.

8. **Cuando vendes una casa, un buen agente de bienes raíces hará todo lo posible por promover la propiedad en el mercado.** Cuando decides vender una casa o apartamento, un agente de calidad hará todos los esfuerzos para promover la negociación. Además de ayudarte a que tengas la propiedad lista para la venta —mediante el "acicalamiento" de la casa—, estos esfuerzos pueden incluir la preparación de folletos o volantes de venta; poner anuncios en los periódicos, en las revistas de bienes raíces y por Internet; listar la propiedad en el MLS; y abrir la casa determinados días para que los agentes y el público en general puedan verla.

¿CÓMO SE LE PAGA A UN AGENTE DE BIENES RAÍCES?

A los agentes de bienes raíces casi siempre se les paga por comisión —esto significa que cuando se finaliza la transacción, ellos obtienen un porcentaje del precio de venta (generalmente un 6 por ciento). Es decir, si la casa se vende por $200.000, el agente del comprador y el agente del vendedor (conocido también como agente de listado) tienen derecho a recibir una comisión de $12.000. En términos generales, ellos dos se dividen esa comisión a la mitad. Esta comisión casi siempre se deduce de las ganancias de la venta —es decir, que *la paga el vendedor.*

SI PIENSAS VENDER, TEN EN CUENTA QUE LAS COMISIONES PUEDEN NEGOCIARSE

Si estás a la búsqueda de un agente para que te ayude a *vender* una propiedad, ten en cuenta que, según el mercado, las comisiones pueden negociarse. Los agentes de bienes raíces a veces dan descuentos a los vendedores que anticipan comprar otra casa con las ganancias de la venta —basados en la suposición de que ellos también van a estar a cargo de esa compra. Así que si es eso lo que piensas hacer, no olvides preguntar. Además, si el mercado está verdaderamente activo y la venta de propiedades está en su apogeo, un agente de bienes raíces pudiera estar dispuesto a darte un descuento de su comisión, ya que sabe que la propiedad se venderá rápidamente y no demorará mucho en el mercado. (Por otra parte, si el mercado está lento o tú insistes en pedir un precio demasiado alto por tu propiedad, lo más probable es que un agente de bienes raíces que conoce su negocio no te dé descuento).

Una comisión con descuento puede reducir la comisión habitual de 6 por ciento a 5,5 por ciento o hasta a 5 por ciento. Quizás eso no te parezca mucho, pero si puedes lograr que te rebajen un cargo del 6 por ciento a un 5 por ciento, te ahorrarás $2.000 en la venta de una casa de $200.000.

Y AHORA HABLEMOS DE ALGO LLAMADO BONO DE COMISIÓN

Cuando decrece el ritmo de las ventas de bienes raíces, o si hay un exceso de propiedades similares a la tuya en el mercado de tu vecindario, es posible que te tome más tiempo vender tu casa. Una excelente manera de lograr que una propiedad se destaque y se venda más rápidamente es ofrecerle a tu agente un bono de comisión. En lugar del tradicional 6 por ciento, podrías ofrecer una comisión del 7 al 8 por ciento —siempre y cuando el agente pueda encontrar un comprador para tu casa dentro de cierto límite de tiempo, o un comprador que esté dispuesto a pagar por encima de un determinado precio. Este tipo de arreglo se hace de vez en cuando —y puede tener excelentes resultados. En Manhattan, donde yo vivo, los vendedores creativos hasta llegan a ofrecerles a los agentes televisores con pantalla de plasma, viajes a Hawai y (en algunos casos) automóviles, como incentivos para vender sus propiedades rápidamente y a mejores precios.

Sea cual sea la comisión, debes saber que tu agente de bienes raíces por lo general no se queda con todo ese dinero. Casi siempre tienen que repartir parte de la comisión con la compañía de bienes raíces para la que trabajan, y también tienen que pagar lo que se gastaron en promover la casa en el mercado. La realidad es que la mayor parte de los agentes de bienes raíces se merecen su comisión por el trabajo que han hecho. No es un negocio fácil.

ES IMPORTANTE QUE SEPAS A QUIÉN REPRESENTA TU AGENTE

En el negocio de bienes raíces no es raro que el mismo agente represente tanto al comprador como al vendedor en la transacción de una propiedad. Aunque esto no es ilegal, no es algo que yo recomendaría, ya que cuando compras o vendes una propiedad te conviene que te represente alguien para quien lo más importante son tus propios intereses y no los de otra persona.

Una manera de asegurar esto es poner por escrito, desde el principio, que en todo este negocio tu agente de bienes raíces sólo te representará a ti y sólo a ti. Si eres el comprador, puedes hacer esto con lo que se llama un "acuerdo de comprador" que se trata, en esencia, de un contrato en el cual el agente se compromete a que él o ella estará atento a tus intereses y sólo te representará a ti, no al vendedor.

A cambio de esto, puede que el agente te pida que le prometas que trabajarás exclusivamente con él o ella (con lo que no podrás mejorar tus posibilidades de encontrar una buena oferta, como sucedería si trabajaras con varios agentes diferentes al mismo tiempo). Si estás dispuesto a firmar un acuerdo exclusivo de comprador, te recomiendo que limites tu compromiso a no más de sesenta días —treinta serían aún mejor, ya que esto motivará a tu agente a poner más esfuerzo y trabajar más rápidamente para ti.

¡REGALO DE UN AUDIO GRATIS!

CÓMO CONTRATAR A UN BUEN AGENTE DE BIENES RAÍCES

Al principio de este capítulo, te dije que no debes contratar a cualquier agente de bienes raíces, ¡sino a uno excelente! Lo que distingue a muchos agentes de bienes raíces que toman seriamente su profesión es que pertenezcan a la **Asociación Nacional de Agentes de Bienes Raíces** (*National Association of Realtors, o* NAR). Esta organización ofrece educación continua y conferencias para ayudar a los agentes de bienes raíces a mantenerse informados y a que mejoren sus conocimientos, de forma que puedan hacer un mejor trabajo para ti. La mayoría de los miembros de NAR tienen un logotipo que dice REALTOR® en sus tarjetas de presentación profesionales y en el membrete de sus cartas.

Para obtener más información acerca de agentes de bienes raíces y Realtors® —y cómo dar con uno de calidad—, puedes escuchar la convincente entrevista que le hice a David Lereah, vicepresidente superior y economista principal de la NAR. Sólo tienes que ir a mi sitio web **www.finishrich.com** y entrar en el centro de recursos del Millonario Automático Dueño de Casa. Esta entrevista está llena de excelentes consejos —¡y te la doy gratis! Visita también **www.realtor.com** para obtener muy buena información sobre cómo encontrar tanto un Realtor® como una casa.

LA DELICADA CUESTIÓN DE
QUIÉN TRABAJA PARA QUIÉN

De vez en cuando, un agente de bienes raíces te mostrará una casa que está representada por otro agente de su propia compañía. Si esto sucede, y decides comprar la propiedad, lo más probable es que el contrato de venta incluya una línea que indica que tu agente, en realidad, no te representa a ti, sino al vendedor.

En este caso, TIENES que buscar un abogado. No permitas que "tu" agente te diga que no te preocupes por eso. Si firmas un contrato que señala que tu agente representa al vendedor, te quedas sin ninguna protección legal. Así que búscate un abogado que pueda revisar el contrato para asegurarte de que tus intereses están protegidos.

TRES REGLAS BÁSICAS PARA CONTRATAR
A UN BUEN AGENTE DE BIENES RAÍCES

Como con todo lo demás, contratar a un excelente agente de bienes raíces es una cuestión de sentido común y de buen juicio. Sigue estas tres reglas básicas y no te equivocarás.

REGLA NO. 1:
OBTÉN UNA RECOMENDACIÓN

Cuando estés listo para contratar a un agente de bienes raíces, hazlo sin temor. Pregúntales a tus amigos, a tus parientes, a tus compañeros de trabajo y a tus vecinos a quién usaron la última vez que compraron o vendieron una casa. Tu meta debe ser de obtener por lo menos tres recomendaciones, de manera que puedas com-

parar una serie de agentes de bienes raíces antes de decidirte a trabajar con uno en específico.

> ### REGLA NO. 2:
> ### SI NO TE GUSTA NINGUNO DE LOS AGENTES QUE TE RECOMENDARON, NO TE DES POR VENCIDO

Resulta buenísimo que te den recomendaciones, pero no son esenciales. Quizás sea un poco más difícil, pero sin duda que no es
imposible que tú mismo puedas encontrar un buen agente. A
menos que vivas en un área demasiado apartada, te aseguro por lo
menos media docena de agencias de bienes raíces tienen oficinas
locales en tu barrio. Llama a tres de ellas, pregunta por el gerente y
dile que estás buscando un agente experimentado que se especialice en trabajar con alguien como tú.

Además de llamar directamente y sin referencias a las agencias
de bienes raíces, puedes investigar un poco por tu propia cuenta.
Yo soy un firme creyente de que el éxito deja huellas. Si buscas una
casa en una comunidad en particular, una forma increíblemente
fácil de encontrar un agente de gran calidad es dar vueltas en tu
auto por el área en busca de letreros de venta ("FOR SALE") en los
patios delanteros. Cuando veas uno, escribe el nombre del agente
que está en el cartel y fíjate en cuál es el nombre que ves con más
frecuencia. El agente que representa más casas casi siempre es un
experto en ese vecindario. Ésta es probablemente la persona que
más te conviene.

No hagas suposiciones ni te fíes de lo que te diga alguien más. Inclusive si un agente parece magnífico cuando lees acerca de él o ella (e inclusive si te lo ha recomendado tu mejor y más viejo amigo), no te comprometas a trabajar con nadie hasta que te hayas sentado con esa persona y le hayas hecho una entrevista larga y detallada.

Cuando te encuentres por primera vez con un agente de bienes raíces, te recomiendo firmemente que le hagas las siguientes preguntas:

- ¿Cuánto tiempo hace que trabaja usted en este negocio?
- ¿Cuánto tiempo ha trabajado en este mercado en específico?
- ¿Cuántas casas (propiedades a la venta en las que usted representa al vendedor) tiene listadas?
- ¿Con cuántos clientes trabaja usted actualmente?
- ¿Cuántas transacciones de bienes raíces llevó a cabo el año pasado en el área en la que estoy interesado?
- ¿Por qué debería yo trabajar con usted y no con uno de sus competidores?
- ¿Por qué es usted un buen agente de bienes raíces?
- ¿Cómo es su proceso —cómo trabaja con sus clientes?
- ¿Tiene un equipo o un ayudante? ¿Voy a trabajar con ellos o con usted?
- ¿Podría darme los nombres de tres clientes que tuvieran una situación parecida a la mía con los que usted haya trabajado?

Estas preguntas pueden determinar en poco tiempo qué agentes no se ajustan a tus necesidades. Cuando me mudé por primera vez a Nueva York, un amigo me recomendó un agente que a él realmente le gustaba, pero en cuestión de minutos me di cuenta de que ése no era el agente que me convenía a mí. ¿Cómo lo supe? Cuando le pregunté cuántos *lofts*, o sea apartamentos que fueron convertidos de un espacio comercial, había vendido o ayudado a que alguien comprara el año anterior en los vecindarios en los que yo estaba interesado, ¡me dijo que ninguno! Así que le di las gracias por el tiempo que me había dedicado y seguí buscando un agente bueno de verdad.

HAZ UN COMPROMISO

Ahora ya sabes más acerca de bienes raíces que lo que sabe el 90 por ciento de la gente que alguna vez comprará o venderá una casa o apartamento. En pocas palabras, estás listo para entrar en acción. Así que desde este instante, desde este mismo momento, haz un compromiso contigo mismo de ir a hablar con un agente de bienes raíces.

Tengo el presentimiento de que en muy poco tiempo vas a contar con un buen agente de bienes raíces que velará por tus intereses y te ayudará a encontrar la casa que más te conviene.

Ahora ya sabes lo suficiente para encontrar una casa fantástica, financiada con una hipoteca, que se ajuste a tus deseos. Pero ser un Millonario Automático Dueño de Casa es más que ser propietario de tu casa. En el próximo capítulo, te voy a enseñar un sistema verdaderamente sencillo, llamado plan automático de pago hipotecario bisemanal, que puede llegar a ahorrarte decenas de miles de dólares en pagos de interés (tal vez más) y que rebajarán hasta siete años del tiempo que te demorarás en liquidar tu hipoteca.

PASOS DE ACCIÓN PARA EL MILLONARIO AUTOMÁTICO DUEÑO DE CASA

Luego de revisar las acciones que planteamos en este capítulo, he resumido aquí lo que debes hacer ahora mismo para hallar un buen agente de bienes raíces en el que puedas confiar.

❏ Comprométete a irte a buscar tú mismo un agente de bienes raíces de calidad.

❏ Pregúntale a todas las personas que conoces que hayan comprado o vendido una casa alguna vez en sus vidas si ellos recomendarían al agente de bienes raíces con el que trabajaron.

❏ Llama directamente y sin referencia a agencias de bienes raíces locales e investiga las ventas de tu área para hacer una lista de agentes que valga la pena considerar.

❏ Programa entrevistas con los tres mejores agentes de la lista y toma una decisión.

❏ Visita **www.finishrich.com/homeowner** y escucha mi entrevista con David Lereah, de la Asociación Nacional de Agentes de Bienes Raíces sobre cómo contratar a un agente de bienes raíces realmente excelente.

❏ Visita **www.finishrich.com/homeowner/chaptereight** para escuchar el audio en inglés gratis de este capítulo.

CAPÍTULO NUEVE

AUTOMATIZA TU HIPOTECA Y AHORRA $106.000 EN EL PAGO DE TU HOGAR

Uno de los secretos más valiosos que he aprendido de mis amigos Millonarios Automáticos como John y Lucy Martin —así como de los Millonarios Automáticos originales, Jim y Sue McIntyre— es el poder de liquidar tu hipoteca mediante la división de tu pago mensual en dos pagos bisemanales.

En *El Millonario Automático*, expuse un plan sencillo que cualquier dueño de casa puede usar para liquidar una hipoteca de treinta años hasta siete años antes de tiempo… *automáticamente*. Revelé este secreto en el programa de Oprah Winfrey, y los televidentes, sencillamente, quedaron pasmados con lo fácil que era. Después de mi presentación, nuestros teléfonos no pararon de sonar. "¿Cómo puede ser eso posible?", quería saber la gente. "No puede ser tan fácil ahorrar tanto dinero en el pago de una hipoteca. ¿Cuál es el truco?"

Bueno, en realidad, no hay ningún truco.

Piénsalo de esta manera. El problema que tiene una hipoteca de treinta años es que ha sido estructurada ¡para hacerte pasar treinta años pagándola! Digamos que compras una casa con una hipoteca de $300.000 al 7 por ciento de interés. Si te demoras los treinta años completos en pagarla, acabarás dándole al banco, en realidad, alrededor de $720.000, ya que además del pago del principal, también tendrás que pagar más de $418.000 en intereses.

¿Cuál es el mejor camino a seguir? Bueno, si tomaras la misma hipoteca y establecieras un programa de pago bisemanal, en vez de pagar una vez al mes, podrías reducir siete años del tiempo total de pago —y con eso te ahorrarías $106.000 en pagos del interés.

¿Quieres ver cuán fácil es?

PAGA TU HIPOTECA MÁS RÁPIDAMENTE —Y SIN ESFUERZO

He aquí cómo funciona. Todo lo que tienes que hacer es tomar la hipoteca normal de treinta años que ya tienes, y en vez de pagar mensualmente, como habitualmente haces, divide el pago en dos partes iguales y paga una mitad cada dos semanas.

Digamos que tu pago hipotecario es de $2.000 al mes. De acuerdo a mi plan bisemanal, en lugar de enviar una vez al mes un cheque de $2.000 a la institución que te dio el préstamo, enviarías $1.000 cada dos semanas. Al principio, el pagar $1.000 cada dos semanas no va a parecerte muy diferente de pagar $2.000 una vez al mes. Pero como puede decirte cualquier persona que se haya fijado en el calendario, no es precisamente lo mismo. Después de todo, un mes es un poco más de cuatro semanas. Y entonces, lo que sucede como resultado de pasar a un plan de pago bisemanal es que, a lo largo de un año, poco a poco avanzas más y más en tus pagos, hasta que al final del año habrás pagado el equivalente, no del pago de doce meses, sino de trece. Lo mejor de todo es que es tan gradual que tu billetera apenas va a sentir la diferencia.

Los cálculos son muy sencillos. Un pago mensual de $2.000 suma $24.000 al año. Pero cuando pagas la mitad cada dos semanas en lugar de la cantidad total una vez al mes, acabas pagando veintiséis pagos a la mitad a lo largo de un año. Son veintiséis pagos de $1.000 —lo que suma un total de $26.000, es decir un mes adicional de pagos, y sin esfuerzo.

¿QUÉ PUEDES HACER CON $106.000 DE MÁS?

Es asombroso el impacto que puede tener un mes adicional de pago. De acuerdo a tu tasa de interés, al final liquidarás una hipoteca de treinta años entre cinco a siete años antes de tiempo, ¡y una hipoteca de quince años se pagará tres años antes! Saldrás de la deuda años antes de tiempo, lo que te ahorrará cientos de miles de dólares en pagos de interés durante el período que dure la hipoteca.

Estas cifras no son un invento mío. Revisa el programa de amortización que te doy a continuación. Ahí se ve la diferencia entre un plan de pago mensual y un plan bisemanal para una hipoteca de $300.000 de treinta años, con una tasa de interés del 7 por ciento. Con el programa de liquidación mensual, al final se habrán pagado $418.026,69 en pagos de interés durante el tiempo que dura el préstamo. Por otra parte, el programa bisemanal sólo suma $311.876,19 de interés. Es decir, que si cambias al programa bisemanal te ahorrarás más de $106.000.

Si quieres calcular cuánto podrías ahorrar en tu hipoteca, ve al Internet y visita mi sitio web en **www.finishrich.com/calculators.**

Luego, mira donde dice *"Mortgages"* (Hipotecas) y haz clic en *"Get a biweekly mortgage plan"* (Obtén un plan hipotecario bisemanal). Esto te llevará a la mejor calculadora gratis que he hallado en Internet. Entonces, puedes escribir allí tus propias cantidades y rápidamente verás cuánto podrías ahorrar si pasas a un plan de pago bisemanal.

NO TARDARÁS MÁS DE DIEZ MINUTOS

Lo bueno de cambiar a un plan de pago bisemanal es que te permite ahorrar dinero a largo plazo sin tener que refinanciar ni cambiar tu hipoteca. Todo lo que se requiere es una llamada por teléfono.

Eso se debe a que en el presente la mayoría de las compañías hipotecarias ofrecen programas creados para automatizar completamente el proceso que acabo de describirte. (En Wells Fargo, por ejemplo, se llama *Accelerated Ownership Plan;* Citibank lo llama *Biweekly Advantage Plan.*) Para inscribirte, todo lo que tienes que hacer es llamar por teléfono a tu compañía hipotecaria o ir a su sitio web en Internet. Muchos bancos brindan gratis este servicio a los clientes que hacen con ellos todas sus transacciones bancarias. Los bancos que no ofrecen este servicio por lo general te refieren a una compañía independiente que es la que les maneja a ellos el programa. Casi siempre, estas compañías cobran un cargo inicial de entre $200 y $400.

PAGOS MENSUALES FRENTE A PAGOS BISEMANALES

Principal=**$300.000** Tasa de interés=**7,00%** Término=**30** años

Pagos mensuales: **$1.995,91**	Pagos bisemanales: **$997,90**
Interés promedio al mes: vs. $1.162,57	Interés promedio cada período bisemanal: **$398,82**
Interés total: **$418.026,69**	Interés total: **$311.876,19**

Año	Saldo del principal (pagos mensuales)	Saldo del principal (pagos bisemanales)
1	$296.952,57	$294.809,35
2	$293.684,84	$289.244,18
3	$290.180,89	$283.277,48
4	$286.423,64	$276.880,28
5	$282.394,77	$270.021,51
6	$278.074,66	$262.667,87
7	$273.422,24	$254.783,66
8	$268.474,95	$246.330,60
9	$263.148,57	$237.267,64
10	$257.437,15	$227.550,77
11	$251.312,85	$217.132,83
12	$244.745,82	$205.963,21
13	$237.704,06	$193.987,70
14	$230.153,25	$181.148,14
15	$222.056,60	$167.382,19
16	$213.374,63	$152.623,01
17	$204.065,05	$136.798,94
18	$194.082,48	$119.833,15
19	$183.378,26	$101.643,26
20	$171.900,23	$82.140,94
21	$159.592,46	$61.231,51

Año	Saldo del principal (pagos mensuales)	Saldo del principal (pagos bisemanales)
22	$146.394,96	$38.813,45
23	$132.243,41	$14.777,89
24	$117.068,84	$0
25	$100.797,31	$0
26	$83.349,50	$0
27	$64.640,39	$0
28	$44.578,79	$0
29	$23.066,94	$0
30	$0	$0
Resultado:	Liquidado en 30 años	Liquidado en 23 años

Fuente: Bankrate.com "Calculadora de pago bimensual de hipoteca"

Además, hay un cargo de transferencia de $2,50 a $6,95 que se aplica cada vez que tu dinero se pasa de tu cuenta corriente de cheques a tu cuenta de hipoteca.

Ahora muchas compañías brindan estos servicios. Para asegurarte de que estás en tratos con una compañía de buena reputación, quizás deberías usar la que te recomiende tu compañía hipotecaria. Actualmente, una de las firmas más grandes que ofrecen este servicio es PayMap, la que puedes visitar en **www.pay map.com**.

¿POR QUÉ NO LO HACES TÚ MISMO?

¿Por qué gastar cientos de dólares en una compañía independiente si tú mismo podrías, con igual facilidad, usar el servicio en línea de pagos automáticos de tu banco para programar pagos bisemanales de hipoteca? Desafortunadamente, no es tan fácil.

El problema es que si divides a la mitad tu pago mensual de la hipoteca y lo envías tú mismo cada dos semanas a la compañía que te dio el préstamo, lo que hará la compañía hipotecaria será enviártelo de vuelta, ya que a ellos no les es posible aplicar un pago a la mitad, a menos que tú hayas establecido un plan de pagos hipotecarios bisemanales.

LO QUE PUEDES HACER GRATIS

Podrías añadir un 10 por ciento a tu cheque hipotecario mensual y pedir que ese dinero sea acreditado al principal. O podrías enviar un pago adicional al final del año y, también, pedir que se aplique al principal. Pero fíjate que digo "podrías". Hablemos claro —hay cosas que son más fáciles dichas que hechas. De la misma manera que hay personas que no van a ahorrar a menos que hagan sus pagos automáticos —**en el mundo real, la mayor parte de la gente no enviará pagos adicionales de hipoteca a menos que los hagan automáticos.**

Si decides hacerlo tú mismo, te sugiero que añadas un 10 por ciento adicional al mes para el pago de tu hipoteca —*y que hagas el pago automático.* Además, no dejes de decirle a tu prestamista que se asegure de que este pago adicional sea acreditado a tu principal, y luego revisa tus estados de cuenta mensuales para estar seguro de que lo hicieron de la manera correcta.

¿CUIDADOSO CON POCO Y DESCUIDADO CON MUCHO?

Cuando lean esto, algunas personas se quejarán de lo que cuesta el plan de pago bisemanal. Pero hay algo de lo que no se dan cuenta. Al final, el costo de establecer un plan de pago bisemanal no debería costarte más de $100 al año. Por esta modesta cantidad (probablemente menos de $2.500 durante el período que dure el préstamo), te ahorrarás decenas de miles de dólares. En el ejemplo que te di anteriormente, los ahorros sumaron más de $106.000. ¡Algunos lectores me han dicho que esta idea les ahorró más del doble de esa cantidad!

Y un plan de pago bisemanal no sólo te permite liquidar tu casa más rápidamente. También hace que puedas manejar tu dinero con más facilidad, ya que casi todos recibimos nuestro salario cada dos semanas. Te demorarás menos en ser rico gracias a un plan que hace tu vida más fácil.

Estás en camino de convertirte en un Millonario Automático Dueño de Casa.

PASOS DE ACCIÓN PARA EL MILLONARIO AUTOMÁTICO DUEÑO DE CASA

Luego de revisar las acciones que planteamos en este capítulo, he aquí lo que deberías hacer ahora mismo para ahorrarte miles de dólares al establecer un Plan Automático de Pagos Hipotecarios Bisemanales.

❑ Usa la calculadora de **www.finishrich.com** para ver cuánto tiempo y dinero podrías ahorrarte si liquidas tu hipoteca con un plan bisemanal.

❑ Llama a tu prestamista para averiguar si ofrece planes de pago bisemanal.

❑ Inscríbete en el plan —o si tu prestamista no lo ofrece, ponte en contacto con una compañía de servicio, como PayMap, para establecer un plan bisemanal por tu cuenta.

❑ Visita **www.finishrich.com/homeowner/chapternine** para escuchar el audio en inglés gratis de este capítulo.

CAPÍTULO DIEZ

DE PROPIETARIO ORDINARIO A MILLONARIO AUTOMÁTICO DUEÑO DE CASA

Ahora ya sabes más sobre las reglas básicas para comprar una casa que el 90 por ciento de los propietarios. Y para aquellos de ustedes que ya han hecho uso de este conocimiento para comprarse su primera casa —¡felicidades! Tu vida está bien encaminada hacia la seguridad económica. Pero no es necesario que te detengas ahí. En este capítulo, voy a enseñarte cómo puedes convertir tu casa —tu pequeña mina de oro— ¡en un torrente de oro!

La clave para transformarte de propietario ordinario en Millonario Automático Dueño de Casa es aprender cómo usar tu nueva casa para crear aún más riqueza. Ya seas dueño de tu casa o estés a punto de dar el paso, tu modelo deben ser John y Lucy Martin, quienes usaron el valor acumulado de su primera casa como los cimientos para construir seguridad económica en sus vidas.

HAZLO OTRA VEZ —PERO MEJOR

Lo más importante que hizo la familia Martin después de que decidieron convertirse en propietarios, fue precisamente lo que no hicieron. NO VENDIERON SU PRIMERA CASA. Ése fue también el caso de los Millonarios Automáticos originales, Jim y Sue McIntyre, sobre quienes escribí en *El Millonario Automático*. En ambos casos, esta inteligente aunque no obvia decisión resultó tener un impacto profundo en la capacidad de ambas parejas para acumular riqueza.

En los dos casos, estas personas perfectamente típicas con pagos iniciales perfectamente típicos no vendieron sus casas después de vivirlas un tiempo y crear valor acumulado para ir a comprarse una casa más grande. En vez de eso, alquilaron la primera casa, usaron el ingreso del alquiler para cubrir el pago de la hipoteca que tenían y pidieron prestado en base del valor acumulado que habían creado para comprarse una casa nueva para vivirla.

Para lograr esto, tuvieron que adoptar lo que yo llamo la Actitud Mental del Millonario Automático Dueño de Casa. Es decir, pensar en tu casa de un modo diferente. La mayor parte de la gente piensa en su casa sencillamente como un lugar donde vivir. La familia Martin y la familia McIntyre veían su casa como un lugar donde vivir, pero también como *un vehículo para crear riqueza*.

MÁS GRANDE NO ES SIEMPRE MEJOR

La familia Martin y la familia McIntyre no hicieron lo mismo que la mayoría de la gente. La mayor parte de la gente compran su primera casa, la venden y usan la ganancia para comprar una casa más grande. Usualmente, una mucho más grande. Esto conlleva pagos de hipoteca más elevados. Usualmente, mucho más elevados. En la mayor parte de los casos, ésta es la razón por la que muy pocas personas son dueñas de más de una casa a la vez.

¿Cómo iba a poder la familia Martin, que nunca tuvo un ingreso muy grande, tener dos casas a la vez? Muy sencillo. A diferencia de la mayor parte de la gente que se queda atascada con el pago de una hipoteca grande por sí solos, la familia Martin tenía inquilinos —y la renta que éstos les pagaban— que los ayudaban a aumentar el valor acumulado de la propiedad.

Si vas al principio del libro y vuelves a leer el relato de la familia Martin, vas a poder ver que cuando compró su primera casa, su prioridad inicial fue concentrarse en rebajar su hipoteca lo antes posible. Y cuando el valor de su casa aumentó, no salieron corriendo con el dinero para ir a comprarse una casa más grande.

Recuerda lo que me dijo John Martin sobre lo que hicieron él y su esposa cuando estuvieron listos para comprar una segunda casa adecuada para su familia en aumento: dijo que tuvieron que hacer un esfuerzo, pero no muy grande. "De hecho", dijo, "en realidad lo estiramos un poco *menos* de lo que podríamos haberlo hecho, ya que habíamos decidido no vender nuestra primera casa, sino conservarla y alquilarla. Así que en lugar de vender, refinanciamos lo suficiente para poder sacar un pago inicial para nuestro nuevo hogar".

Tú puedes hacer exactamente lo mismo. He aquí la forma de hacerlo.

¿PUEDE TU CASA GENERAR UN FLUJO POSITIVO DE DINERO?

Con frecuencia, no tienes que vivir en tu casa durante mucho tiempo antes de que ésta te deje un flujo positivo de dinero. Si el mercado de bienes raíces sube al cabo de cinco años y las casas en tu área aumentan en valor, el alquiler también debe subir. Hay excepciones a esta regla, ya que cada mercado es diferente, pero el caso es que, por lo general, si los precios de las casas suben, también van a subir los alquileres.

Averigua ahora mismo si los alquileres por tu área son lo suficientemente altos como para cubrir los costos en que incurrirías si alquilaras tu casa. Busca el periódico de tu localidad y lee los anuncios de propiedades que se alquilan, o pídele a un agente de bienes raíces especializado en propiedades de alquiler que evalúe tu casa.

Ten en cuenta que calcular cuánto costaría convertir tu casa en una propiedad para alquilar conlleva algo más que sumar el pago actual de tu hipoteca y los impuestos sobre la propiedad. También necesitas calcular el mantenimiento (el costo de arreglar todo, desde una llave que gotee hasta una hornilla rota), así como las primas adicionales del seguro y una reserva en caso de que la casa se desocupe, y deudas de inquilinos que no pagan.

Si resulta ser que, en efecto, te es posible cobrar suficiente alquiler para cubrir todos estos costos, necesitas hacerte una pregunta importante: ¿estás preparado para convertirte en arrendador? Si lo estás, a lo mejor es hora de que consideres la posibilidad de buscar un inquilino para tu casa actual y compres otra para vivirla.

SER ARRENDADOR ES MÁS FÁCIL DE LO QUE PIENSAS

Debes saber que alquilar una casa es más fácil de lo que piensas. Puedes contratar un agente de bienes raíces para listar la casa y una compañía que administre inmuebles para que se ocupe de ella. (Tu agente de bienes raíces puede recomendarte alguna compañía. Calcula que le tendrás que pagar entre el 6 y el 12 por ciento del alquiler.) O lo puedes hacer tú mismo.

Lo cierto es que manejar una casa que alquiles no tiene que ser gran problema, y también puede crearte gran riqueza con el tiempo, ya que es otra persona quien paga tu hipoteca. Además, como mencioné anteriormente, si alguna vez decides vender la propiedad que tienes alquilada, puedes evitar pagar impuestos sobre la ganancia a través de lo que se conoce como un 1031 o Intercambio Starker.

Si convertirte en arrendador es tan buen negocio, ¿por qué no lo hacen muchos propietarios? De hecho, sí lo hacen. Casi una de cada cuatro casas que se compraron en 2004 se adquirieron como inversión —una tendencia que el periódico *USA Today* acredita como responsable de que "muchos estadounidenses se transformen en arrendadores por primera vez".

TUS INQUILINOS PUEDEN
PAGARTE DOS VECES

En algunos casos, quizás con el alquiler puedas cubrir no sólo todos los costos de tu primera casa, sino además cubrir parte (o la totalidad) de la hipoteca de tu segunda casa. Esto fue lo que le sucedió a la familia Martin, y es una opción de la que yo disfruto en este momento.

Al escribir esto en 2005, los precios de las casas en la ciudad de Nueva York están por las nubes. Nuestro apartamento estilo *loft* vale al menos $1 millón más de lo que pagué por él hace tres años. Y es más, el alquiler ha subido hasta el punto en que podríamos alquilarlo ahora mismo alrededor de $5.000 más al mes de lo que en la actualidad nos cuestan los pagos de la hipoteca y otros gastos. Serían $60.000 al año en flujo positivo de dinero. No está nada mal.

También estoy ahora en trámites para comprar un apartamento nuevo en un edificio todavía en construcción en Williamsburg, un vecindario de Brooklyn actualmente muy cotizado. El precio de este apartamento era de $700.000, y ya vale cerca de $1.000.000. Cuando cierre la transacción, probablemente voy a dar un pago inicial de alrededor de $140.000, lo que es cerca del 20 por ciento del precio de compra. Según la hipoteca que obtenga, mis pagos mensuales van a estar entre $3.000 y $5.000.

Al principio, pensaba en este lugar como una inversión que podría alquilar. Pero si mi esposa y yo quisiéramos, podríamos alquilar nuestro *loft* en Tribeca y sacarle suficiente dinero para cubrir la hipoteca *y* generar suficiente flujo positivo de dinero para pagar la hipoteca del apartamento en Williamsburg, y tal vez el mantenimiento, los impuestos y el seguro —lo que significa que, básicamente, podríamos vivir gratis.

Por eso es que el mercado de bienes raíces es tan divertido. Te da muchas ventajas.

DE VERDAD QUE PUEDES HACERLO —Y HE AQUÍ CÓMO

Puedes leer estos casos y sentirte dudoso, te puede dar envidia, ¡o puedes comenzar! Sé que lo que deseas es comenzar. Con esto en mente, veamos cuatro estrategias que puedes usar para crear riqueza con la compra de propiedades.

ESTRATEGIA NO. 1: USA EL VALOR ACUMULADO DE TU CASA PARA COMPRAR TU PRÓXIMA PROPIEDAD

El valor acumulado que tienes en tu casa es un activo circulante. Te pertenece a ti y no al banco. Si sacas una hipoteca de $200.000 para comprar una casa de $250.000, y el valor de la propiedad sube a

$400.000, el incremento de $150.000 es tuyo, no del banco. Ahora tienes $200.000 en valor acumulado. Puedes usarlo o puedes dejarlo ahí tranquilo. La opción es tuya.

Lo que necesitas saber sobre el valor acumulado es lo siguiente: en este momento, la mayoría de la gente tiene más valor acumulado en sus casas de lo que creen. Aun con todas esas hipotecas "sin pago inicial", préstamos sin interés y adquisiciones demasiado ambiciosas que llevan a la gente a comprar una casa más costosa de lo que deben, el increíble aumento en el valor de los bienes raíces desde mediados de los noventa ha hecho que la mayor parte de la gente cuente con un montón de valor acumulado en sus casas— más de $10 billones hasta este momento. (Aun expertos tan cautelosos como el legendario presidente de la Reserva Federal, Alan Greenspan, ha hecho referencia a la "considerable protección del valor acumulado" que le permitiría a "la inmensa mayoría de los propietarios... absorber un posible descenso en los precios de las casas" si el mercado se enfriara.) Pero la mayoría de las personas en verdad no aprecian o no ponen a buen uso todo este valor acumulado que poseen.

Entonces, ¿cómo deberías ver el valor acumulado que tiene tu casa? Hay al menos tres maneras diferentes. Todas son sensatas, pero solamente una de ellas —la tercera— va a convertirte en un Millonario Automático Dueño de Casa.

1. **Como la máxima red de seguridad.** Si no deseas tomar riesgos, puedes ver el valor acumulado de tu casa como una cuenta de ahorros obligatoria. Puedes saldar tu hipoteca antes de tiempo, como te sugerí unas páginas atrás, y podrás jubilarte libre de deudas cuando seas mayor de edad. Después, si en algún momento necesitas dinero, hay diferentes formas de usar todo el valor acumulado del que dispones. La cuestión es que tienes una red de seguridad —y diferentes opciones.
2. **Como colateral de un préstamo.** Otra forma para aprovechar

el valor acumulado de tu casa actual es solicitar un préstamo cuyo aval es tu casa, en el cual el banco acuerda prestarte la cantidad de tu valor acumulado. Debes explorar diferentes préstamos, al igual que harías con una hipoteca tradicional para asegurarte de que la tasa es competitiva. Ten en cuenta que la tasa de interés de estos préstamos casi siempre es más alta que la de una hipoteca estándar, y no siempre la puedes asegurar a largo plazo (lo que quiere decir que la tasa es variable). Así que eso conlleva más gastos y riesgos. Pero el interés es deducible de impuestos, y usualmente es mucho más fácil obtener una línea de crédito sobre tu casa que una hipoteca. Puedes usar este tipo de préstamo para lo que sea —para pagar la universidad de tus hijos, para establecerte por tu cuenta en un negocio o para ir a Europa. Pero lo que te recomiendo es que uses el valor acumulado de tu casa para comprar más bienes, no para pagar gastos de la vida diaria, vacaciones o la deuda de tus tarjetas de crédito.

3. **Como peldaño para comprar una segunda casa.** Así es como piensan los Millonarios Automáticos Dueños de Casa acerca de su valor acumulado. Puedes observar claramente esta forma de pensar en el caso de John y Lucy Martin. Cuando estuvieron listos para comprar una segunda casa, hicieron lo que se conoce como "refinanciamiento con obtención de efectivo" *(cash-out refinance)*. Funciona así: digamos que obtuviste una hipoteca de $250.000 para comprar una casa y la casa ahora vale $400.000. Pudieras ir a un banco o a un agente hipotecario para refinanciar —es decir, sacar una nueva hipoteca para saldar la otra. Sólo que ahora no solicitarías $250.000 sino, digamos, $300.000. Esto te permitiría saldar la hipoteca existente de $250.000 —y meterte en el bolsillo $50.000. Entonces tomas esos $50.000 y los usas como pago inicial para otra casa en la que vas a vivir, y alquilas tu primera casa. Por supuesto, ahora debes más dinero ($300.000 en vez de $250.000) y, según el tipo

que sea la nueva hipoteca, tus pagos mensuales quizás sean más altos —algo que necesitas tener en cuenta cuando calcules si el alquiler que vas a cobrar va a cubrir tus gastos.

En el caso de John y Lucy, el valor de su primera casa, que había costado $30.000 (recuerda que esto fue a principios de los años sesenta), ya había aumentado a $45.000 cuando se sintieron listos para comprar su segunda casa. Ya habían reducido el saldo de su hipoteca original a sólo $20.000, así que no les fue difícil obtener una nueva hipoteca de $40.000 para saldar la primera y quedarse con dinero en efectivo ($20.000) para dar el 20 por ciento de pago inicial en la casa de $100.000 que habían decidido comprar. Con el tiempo, vendieron esta segunda casa —por $650.000— y se mudaron a la casa de sus sueños. Ya para ese entonces, por supuesto, no debían nada en su primera casa. Hace tiempo que pagaron la hipoteca de $40.000 con el dinero que recaudaron en alquiler a través de los años, y ahora disfrutan el flujo positivo de dinero que genera, sin mencionar la espectacular contribución a su patrimonio neto gracias a que el valor de la casa se disparó a siete dígitos. Se habían convertido en Millonarios Automáticos Dueños de Casa.

UN BUEN EJEMPLO DE APALANCAMIENTO

Éste es un ejemplo clásico de cómo puedes usar el apalancamiento o *leverage* para lograr riqueza. La familia Martin dio $6.000 de pago inicial en su primera casa, la cual en pocos años valía $45.000. (Recuerda que aunque el precio de esa casa fue de $30.000, el 80 por ciento lo pagó el Dinero de Otras Personas —es decir, la hipoteca que obtuvieron del banco.) Entonces la familia Martin tomó $20.000 en efectivo del valor acumulado que tenía aquella casita y los usaron como pago inicial en una segunda casa que, al cabo del tiempo, vendieron por $650.000. Y así sucesivamente. Aun si se añaden todos los pagos de hipoteca que hicieron a lo largo de los años, la cantidad de dinero que invirtieron fue solamente una fracción pequeña de la riqueza que llegaron a lograr —especialmente cuando tomas en consideración toda la renta que les pagaron sus inquilinos a través de los años. Ése es el poder del apalancamiento. Una pequeña cantidad de dinero al principio te puede situar en una buena posición para cosechar bienes de enorme valor más adelante.

ESTRATEGIA NO. 2:
REDÚCETE AL TAMAÑO ADECUADO

Hablé de este tema en el Capítulo Dos, cuando te conté la historia de mis amigos en Las Vegas, Rick y Molly. Está en las páginas 50 y 51. Vuélvelo a leer ahora. Asimílalo. Lo que hizo esta pareja es increíblemente sencillo —pero la mayor parte de las personas no lo hace. Tú puedes hacerlo.

Como ya te dije, lo que hace la mayoría de la gente cuando el valor de sus casas aumenta es venderla y comprarse una más grande con una hipoteca mayor. El problema con este enfoque es que no te simplifica la vida. En realidad lo que sucede es que te la encarece —más habitaciones que amueblar, impuestos más altos que pagar, vecinos más encopetados con quienes competir.

Si recuerdas, el valor de la casa de Rick y Molly se disparó de $200.000 a $600.000 en cuestión de pocos años. Ahora sé que éste no es un ejemplo típico, pero la forma en que decidieron manejarlo demuestra algo importante. En vez de, simplemente, vender la casa que de buenas a primeras subió en valor y usar la ganancia imprevista para comprarse una casa más grande adyacente a un campo de golf con una hipoteca más grande, ellos decidieron usar el valor acumulado para apalancar su riqueza y seguir con un estilo de vida sencillo.

Después de vender su casa en $600.000, usaron la ganancia de $400.000 para comprar tres casas nuevas. Primero, dieron $75.000 de pago inicial en la casa en que iban a vivir —una casa de $350.000 en una comunidad un poco menos lujosa que la que iban a dejar. Se "redujeron". Esto les dejó una hipoteca de $275.000 con un pago mensual de $1.650, sólo un poquito más alto del que pagaban en su otra casa. Con los restantes $325.000 de ganancia dieron el pago inicial en otras dos casas de $300.000 que planeaban alquilar. Como pudieron dar unos pagos iniciales tan cuantiosos en estas casas (alrededor de $150.000 en cada una), los pagos de las hipotecas eran bastantes bajos (aproximadamente $900 al mes cada una), y pudieron alquilarlas con facilidad y generar un flujo positivo de dinero desde el primer día. De hecho, el dinero adicional que dejaban las dos casas que alquilaron les ayudaba con el pago mensual de la hipoteca de su nueva casa. Así que ahí estaban, y pagaban menos de $1.300 al mes, que era lo que les costaba vivir en su primera casa de $200.000 —¡pero ahora tenían, además, tres casas que valían casi $1 millón!

De nuevo, podemos ver el poder del apalancamiento —y cómo la misma cantidad de dinero puede llegar cinco veces más lejos.

ESTRATEGIA NO. 3:
SACA EL DINERO E INVIERTE EN OTRA PARTE

Ésta es probablemente la forma más directa de crear riqueza como propietario. Cuando el valor de tu casa aumente, vendes la casa y usas parte de la ganancia libre de impuestos para dar el pago inicial en una casa nueva (con una hipoteca nueva), y depositas el resto de tus ganancias en el banco. Entonces esperas a que tu casa nueva se revalorice y haces lo mismo de nuevo, mientras ves crecer el saldo de tu cuenta bancaria.

¿Por qué es éste un negocio tan extraordinario? Como indiqué anteriormente, el gobierno te permite vender tu casa *sin tener que pagar impuestos sobre la ganancia,* hasta cierto límite. Si eres soltero, puedes guardarte en el bolsillo hasta $250.000 libres de impuesto; si estás casado, el tope es $500.000. Y puedes hacer esto una vez cada dos años. La regla dice que para ser elegible a esa exención, sólo tienes que haber vivido en la casa que vas a vender dos de los previos cinco años.

Usemos a Rick y Molly como ejemplo para ver cómo esto funciona. Si ellos no hubieran querido ser arrendadores, hubieran podido tomar la ganancia que tenían de $400.000 libres de impuestos y haber usado $120.000 de ese dinero para dar un pago inicial del 20 por ciento en otra casa de $600.000. Los restantes $280.000 hubieran caído del cielo —dinero gratis para usar como desearan (aunque mi esperanza es que lo inviertan para su futuro).

Si los valores de las propiedades continúan en aumento (al igual que continúan en Las Vegas a una velocidad vertiginosa) y su casa nueva con el tiempo llegara a valer $1 millón, ellos pudieran entonces venderla y sacar otros $400.000 en ganancia libre de impuestos.

Un sinfín de propietarios usaron este método para ganar dinero libre de impuestos en el mercado alcista de bienes raíces que tuvimos durante los primeros cinco años del siglo XXI. Esto requiere que te mantengas al día sobre lo que sucede en el mercado de bienes raíces en tu zona, y también que te mudes con frecuencia, pero puede funcionar, y de hecho funciona. Por supuesto, cuando el mercado de bienes raíces se enfríe, si se enfría, esta estrategia se va a demorar mucho más tiempo en dar resultado. Pero dada la tendencia alcista a largo plazo en el valor de los bienes raíces, el éxito al fin y al cabo es cuestión de cuándo va a ocurrir, más bien que si va ocurrir o no.

ESTRATEGIA NO. 4:
SUBE UN PELDAÑO CON TU PRÓXIMA
CASA Y MEJORA DE VECINDARIO

Éste es probablemente el enfoque más corriente al invertir en bienes raíces. Compras una casa, la vives un tiempo, tu familia —y tu ingreso— aumenta y con el tiempo te mudas a una casa más grande en un vecindario mejor.

En última instancia esto te crea apalancamiento, ya que ahora vives en una casa más costosa, y así como la casa incrementa en valor, crece más rápido tu valor acumulado. (Después de todo, mientras un aumento en valor del 6 por ciento en una casa de $100.000 va a añadir $6.000 al valor acumulado de su dueño, el mismo aumento en valor en una casa de $1 millón va a representarle $60.000 más.)

Yo sirvo como ejemplo clásico de esto. Aunque al principio me demoré en hacerlo, finalmente pasé de mi primera casa —una casa de $220.000 en los suburbios que necesitaba arreglos— a un apartamento de $640.000 en San Francisco, y de ahí a un apartamento estilo *loft* de $2 millones en Nueva York, el cual, en el momento que escribo esto, podría venderse fácilmente por $3 millones. El mercado puede bajar, por supuesto, pero ahora las probabilidades son que el *loft* siempre va a valer más de lo que pagamos por él.

La cuestión es que a cada paso, la ganancia que obtuve gracias al aumento de valor de mi casa anterior, me permitió comprar una casa mucho más costosa. De esta manera, aun sin entrar en el juego del arrendamiento, he podido comprar tres casas en los últimos quince años y a la vez, aumentar mi patrimonio neto en más de $1 millón.

En este momento, pudiéramos vender nuestro *loft* y apalancarnos aún más. Acabamos de ver un *penthouse* en un desarrollo nuevo que costaría $3.5 millones. Es un poco más pequeño que el que tenemos ahora, pero el edificio es nuevo y muy "de moda". Me imagino que la tendencia alcista de esta nueva propiedad va a ser mayor que la de nuestro hogar actual. Probablemente mucho mayor.

Entonces, ¿deberíamos darnos otra vuelta en el tren del apalancamiento? Eso es lo que mucha gente hace.

Al fin de cuentas, se trata de una decisión personal. Lo que necesitas tomar en cuenta con este enfoque es que, en la medida en que aumenta tu apalancamiento, tu vida se vuelve más cara y con frecuencia más complicada. Tu apartamento es más caro, tu vecindario es más caro y tus gastos en general son cada vez mayores.

PIENSA EN LO QUE HIZO
LA FAMILIA MARTIN

No te cuento esto para presumir. Te lo digo para demostrarte cuán sencillamente el simple hecho de ser propietario crea una gran riqueza. Me tomó una década de duro esfuerzo ahorrar $1 millón. Me tomó treinta y seis meses aumentar mi patrimonio neto de otro millón con el simple hecho de ser propietario en un mercado de gran demanda. Hubiéramos podido alquilar un *loft* en Nueva York todo este tiempo y no haber ganado un centavo. Yo diría que eso es exactamente lo que hacen la mitad de mis amigos en Nueva York. Ellos pensaban que estábamos locos cuando compramos en 2002 —por el hecho de que el mercado de bienes raíces, según se pensaba, no podía ponerse mejor de lo que ya estaba en aquel momento.

Si regresamos con la familia Martin por un momento, recuerda que ellos también vendieron tres veces para comprar algo mejor. Fueron de una casa de $30.000 a una de $100.000 y de ahí a una de

$750.000. Cuando la vendieron, esa última casa valía $2 millones. Luego se detuvieron —y se redujeron al tamaño apropiado. Compraron una casa nueva más pequeña en un área menos costosa de Arizona. Y usaron parte de sus ganancias para adquirir un edificio de cuatro unidades gracias a la cual ahora perciben $90.000 anuales en flujo positivo de dinero.

PUEDE QUE SUENE DEMASIADO FÁCIL PARA SER CIERTO, PERO FUNCIONA DE VERDAD

Mientras has leído esto, quizás hayas pensado que las estrategias que he discutido y las historias que he narrado suenan demasiado simples. Si es tan sencillo, ¿por qué no es rico todo el mundo? Ten una cosa en mente. **Nada de esto sucede por casualidad. Tú tienes que tomar acción.**

No fue que la familia Martin simplemente adquirió un patrimonio neto de millones de dólares. No fue que ellos accidentalmente y simplemente se convirtieron en Millonarios Automáticos Dueños de Casa. Ellos tomaron una serie de decisiones en varios momentos de sus vidas, que algunas veces fueron difíciles. Comprar su primera casa, por sólo $30.000, los asustaba. En verdad, no pensaban que pudieran costearla. El alquiler que pagaban no era alto, el vecindario donde les era posible comprar no era ideal, y hubieran muy bien podido seguir siendo inquilinos. Pero se lanzaron.

Cuando decidieron alquilar su primera casa, también sintieron miedo. No sabían si les iba a gustar ser arrendadores. No todo fue fácil. No todos sus inquilinos fueron perfectos. Pero aguantaron, y nunca se deshicieron de esa primera propiedad.

También sintieron temor cuando compraron casas más grandes

y más costosas. Comprar esa casa de sus sueños en $750.000 fue una decisión enorme. Nunca pensaron que el valor iba a subir tanto como subió. Y muchas veces creyeron que se habían excedido.

Lo comprendo perfectamente. Cuando nosotros compramos nuestro *loft* en Tribeca, yo estaba muy nervioso. Pregúntale a mi esposa Michelle. Fuimos los primeros en comprar en nuestro edificio —el primer día. La mitad de los apartamentos se vendieron en una semana. Luego, el mercado de bienes raíces de Nueva York empezó a decaer. Durante seis meses, literalmente se congeló. El promotor inmobiliario bajaba los precios todas las semanas. Los últimos apartamentos se vendieron hasta $250.000 por debajo del precio original. Al cabo de esos seis meses, el *loft* que habíamos comprado en $2.000.000 probablemente valía $500.000 menos que lo que nosotros habíamos pagado. Si lo hubiéramos tenido que vender en aquel entonces, hubiéramos perdido mucho de nuestro valor acumulado.

Pero nos mantuvimos firmes. La familia Martin se mantuvo firme. Las cosas salieron bien. Con frecuencia, salen bien.

A medida que el valor de la casa de la familia Martin aumentó de $750.000 a $2 millones, ellos decidieron continuar por ese camino. Buscaron comunidades de jubilados donde el costo de vida era más barato. Investigaron posibilidades en Arizona. Muchos de sus amigos en California pensaron que estaban locos. "¿Mudarse al desierto?" dijeron. "¿En qué piensan?"

Lo que pensaban era que querían jubilarse, y para poder hacerlo tenían que reducir sus gastos generales. "Usemos nuestras ganancias de los bienes raíces", se dijeron "y jubilémonos antes de tiempo".

Y eso fue lo que hicieron. Pero sintieron miedo cuando lo hicieron. No sabían si les iba a gustar Arizona (razón por la cual alquilaron allí durante un año antes de comprar).

Y se sentían temerosos de comprar una casa de cuatro unidades como inversión.

Pero todo salió bien.

LO MARAVILLOSO NUNCA ES FÁCIL
—Y CASI SIEMPRE ASUSTA

Lo que quiero enfatizar es esto: nada de lo que he compartido contigo en este libro es sin riesgo. Puedo decir lo mismo de mis propias experiencias. Puede ser sencillo, pero no es fácil.

Déjame repetir esto. *Enriquecerse con la compra de propiedades puede ser simple, pero no siempre es fácil.* Puedes volver a este capítulo y leerlo diez veces. Ni una sola de estas ideas te va a resultar una "tarea de tontos". Para poder hacer algo más que simplemente comprar una casa y vivirla el resto de tu vida, vas a tener que sacrificar un poco de tu nivel de comodidad.

Por supuesto, si eso es todo lo que haces —sólo comprar una casa, pagarla antes de tiempo y vivir en ella el resto de tu vida mientras aprecia en valor— ¡eso es todavía **mucho mejor que alquilar el resto de tu vida y enriquecer a otro!**

PASOS DE ACCIÓN PARA EL MILLONARIO AUTOMÁTICO DUEÑO DE CASA

Luego de revisar las acciones que planteamos en este capítulo, he aquí lo que deberías hacer ahora mismo para pasar de ser un dueño de casa típico a ser un Millonario Automático Dueño de Casa.

❏ Vuelve a leer la historia de John y Lucy Martin en el Capítulo Uno y empieza a ver tu casa no sólo como un lugar donde vivir, sino también como un vehículo para acumular riqueza.

❏ Averigua si los alquileres por tu zona de una casa como la tuya son lo suficientemente altos como para que consideres la posibilidad de convertirte en arrendador.

❏ Calcula cuánto valor acumulado tienes en tu casa y considera: la posibilidad de refinanciar y obtener dinero en efectivo, una serie de ventas donde la ganancia quede libre de impuestos, o "apalancamiento".

❏ Sobre todo, comprométete a tomar acción.

❏ Visita **www.finishrich.com/homeowner/chapterten** para escuchar el audio en inglés gratis de este capítulo.

CAPÍTULO ONCE

CÓMO PROTEGER EL VALOR DE TU CASA CONTRA UNA CAÍDA DEL MERCADO

A lo largo de los diez capítulos anteriores, te he animado a que vayas y te compres una casa, ya que, a largo plazo, ésta será la mejor inversión que harás en tu vida. Entonces, ¿por qué concentrarnos ahora en la caída del mercado de bienes raíces? Bueno, lo cierto es que los bienes raíces pasan por ciclos. Al igual que el mercado de acciones, los precios de los bienes raíces no siempre suben. Lo cierto es que pueden bajar.

Llevo en este negocio bastante tiempo como para recordar el boom de los bienes raíces a principios de los años ochenta, y me acuerdo de la quiebra del mercado de bienes raíces de California que vino después, a finales de la misma década. Mi primer empleo luego de graduarme en la Universidad del Sur de California en

1990, fue como agente de bienes raíces comerciales en Pleasanton, California, donde tuve el privilegio de trabajar en algunas de las cuentas corporativas más grandes del norte de California (entre ellas, compañías como Pacific Bell, AT&T y Prudential). Desde 1990 hasta 1993, trabajé con contratos de arrendamiento y ventas comerciales por valores de decenas de millones de dólares. Recuerdo haber hecho la investigación para un espacio de oficinas de 500.000 pies cuadrados para uno de nuestros clientes. Al final, recorrimos más de quince edificios en la zona de la Bahía —¡y todos estaban vacíos!

—¿Qué pasó aquí? —le pregunté a mi jefe—. ¿Cómo es posible que haya tantos edificios vacíos de este tamaño?

—Es lo que se llama un ciclo de baja —me contestó—. Sucede cada veinte años. Los urbanizadores construyen en exceso, los bancos dan demasiados préstamos y la gente se entusiasma demasiado y contrae demasiadas obligaciones financieras. Todos creen que los buenos tiempos van a durar para siempre, pero no es así.

Tenía razón. Inevitablemente, cualquier período de boom puede venirse abajo. Sucede una y otra vez, pero parece que nadie aprende.

AL MERCADO RESIDENCIAL NO LE FUE MEJOR

Si hubieras comprado una casa en el apogeo del mercado de bienes raíces de California a finales de los años ochenta, habrías tenido que esperar casi una década para que tu casa hubiera vuelto a valer lo mismo que probablemente pagaste por ella. El resultado fue que muchas, muchísimas personas, que por una u otra razón tuvieron que vender sus hogares durante este período, se vieron obligadas a declararse en bancarrota debido a que no pudieron conseguir el precio que habían pagado por ellos. Acabaron con una deuda mayor de lo que valían sus propiedades y a menudo no tuvieron más remedio que, sencillamente, entregarles sus casas al banco.

En el momento en que escribo esto, en julio de 2005, luego de trece años seguidos de aumentos continuos (y a veces asombrosos) en los precios de las casas, el mercado de bienes raíces comienza a dar muestras de debilidad. Hay señales —al menos en ciertas partes del país— de que el boom del mercado se está enfriando.

La gente comienza a asustarse. Cuando los expertos predicen lo que podría convertirse en un terrible colapso de los bienes raíces, tienes que comenzar a protegerte.

He aquí cómo puedes hacerlo.

CINCO MANERAS SENCILLAS DE PROTEGERTE DE UN COLAPSO DE LOS BIENES RAÍCES

UNO.
ASEGÚRATE DE QUE PUEDES PAGAR TU HIPOTECA

Este libro trata más que nada sobre cómo de acumular riquezas por ser dueño de casa. Eso significa ser dueño de la casa donde vives o de la casa que le arriendas a un inquilino. No la casa que compras tan sólo para revenderla al poco tiempo. El libro que trata de las ventas y reventas lo escribió otra persona. De lo que hablamos aquí es del enfoque lógico de crear tu riqueza por medio de la propiedad de casas.

¿Qué quiere decir esto? Pues bien, en primer lugar significa que no compres una casa que realmente no puedes pagar.

Quizás no puedas costear tu casa si…

- No diste nada de pago inicial.
- Tomaste una hipoteca en la que sólo pagas interés.
- Tomaste una hipoteca de opciones y pagas lo mínimo permitido (lo que da por resultado una amortización negativa).
- No tienes unos ahorros de emergencia lo suficientemente grande como para cubrir varios meses de pagos hipotecarios.

No digo que no deberías comprar una propiedad si alguna de estas características describen tu situación. Como vimos en el relato de John y Lucy Martin, no hay nada de malo en estirar un poco tus recursos para poder convertirte en dueño de casa. Sin duda que eso es mucho mejor que seguir de inquilino. PERO aun así, deberías estar al tanto de esas señales que listé como "signos de peligro". Si cualquiera de ellas se aplica a ti, significa que te estás arriesgando al comprar una propiedad en medio de un mercado de bienes raíces en boom.

Según SMR Research, en 2004 uno de cada tres compradores de casa solicitó hipotecas de tasa ajustable de sólo interés, y más del 60 por ciento de ellos pidieron prestado más del 80 por ciento del precio de compra. Según la Asociación Nacional de Agentes de Bienes Raíces, un 40 por ciento de esas personas no hicieron un pago inicial.

Este tipo de cosas funciona bien cuando los valores de los bienes raíces están en alza y las tasas de interés se mantienen bajas. Pero cuando las tasas de interés suben y caen los precios de las propiedades —dos posibilidades muy reales—, acabas siendo víctima de una "paliza doble". La gente que compró casas que realmente no podían costear, de repente se encuentran en dificultades debido a que sus pagos hipotecarios han saltado en un 50 a un 65 por ciento. Pero no pueden vender porque, con los precios cada vez más bajos, sus casas valen ahora menos de lo que aún deben por ellas.

Estas cosas pasan. De hecho, suceden de manera casi predecible —y regresan como un cometa cada veinte años más o menos.

En este caso, ¿qué debes hacer?

PON TU PROPIEDAD "A PRUEBA DE FALLA"

He aquí seis maneras en que puedes protegerte:

- Asegura la tasa de interés de tu hipoteca —idealmente, hazlo mediante una hipoteca de tasa fija a treinta o quince años.
- Si tienes una hipoteca ajustable, refinánciala mientras las tasas todavía están bajas y asegura la tasa durante por lo menos cinco años —mientras más tiempo mejor. Inclusive si piensas vender en menos de cinco años, asegura tu tasa por un período más largo para así protegerte en caso de que te tropieces con un ciclo de precios bajos durante el cual no te resulte conveniente vender.
- Todos los meses, envía un poco más para el pago de tu hipoteca, de manera que el saldo de tu principal se reduzca lo más rápidamente posible.
- Si tienes una hipoteca en la que sólo pagas interés, comienza a liquidar parte del principal.
- Usa inteligentemente el valor que ha acumulado tu casa. Te recomiendo que uses ese valor acumulado (o *equity*) para aumentar el valor de tus bienes, no para "pedirles prestado". En particular, usa el valor acumulado de tu casa para comprar más bienes raíces, para mejorar tu vivienda, o para adquirir más bienes en general. Evita usar ese valor acumulado para liquidar las deudas de las tarjetas de

crédito, irte de vacaciones, comprar un auto o para los gastos diarios.

• Comienza a crear una cuenta de ahorros de emergencia; ponte la meta de guardar en el banco el dinero necesario para pagar tus gastos de casa durante seis meses —¡y hazlo automáticamente!

DOS.
LIMÍTATE A LA ZONA DONDE VIVES

¡A fin de cuentas, el único mercado de bienes raíces que debería preocuparte es el de la zona donde vives! Se habla mucho de los bienes raíces a nivel nacional —como cuando se dice que "el precio de casa promedio a nivel nacional subió más del 50 por ciento en cinco años". *A ti te tiene sin cuidado lo que sucede en el mercado a nivel nacional.* Lo que debe preocuparte es el valor de tu casa o tu unidad de condominio, el cual puede, prácticamente, depender de en qué calle vives o de cuál es el edificio donde resides. Si tu hogar se encuentra en Columbus, Ohio, lo que sucede en el mercado de condominios de Miami no puede importarte mucho, a menos de que seas dueño de un condominio en Miami.

He aquí cómo mantenerte al tanto de *tu* mercado de bienes raíces:

LEE SOBRE EL MERCADO Y RECÓRRELO

Abre el periódico de tu zona y busca en la sección de bienes raíces. ¿Hay casas como la tuya a la venta? ¿Hay muchas? Revisa el periódico todas las semanas. ¿Parece que son siempre las mismas casas las que están en venta semana tras semana, mes tras mes? ¿Se venden o no?

Luego, toma el auto y conduce por tu vecindario en busca de letreros de venta ("FOR SALE.") ¿Están por todos lados, o sólo hay unos cuantos? De nuevo, ¿da la impresión que las casas o apartamentos se están vendiendo?

VE A LAS CASAS ABIERTAS (*OPEN HOUSES*)

La mejor forma de sentir el pulso de tu mercado es visitar las propiedades que se abren los fines de semana para que las visiten los posibles compradores. ¿Van a verlas muchas personas que quieren comprar casa? Pregúntale a los agentes de bienes raíces que están al frente de estas *casas abiertas,* "¿cómo está el mercado?" Después de hablar con seis o siete de ellos durante la tarde de un sábado, deberás tener una idea bastante clara de cuál es la situación en tu zona.

Si el mercado está sólido y las casas se venden, tranquilízate. Si no, tendrás que prepararte para un ciclo de precios bajos —esto significa que deberás tratar de no contraer demasiadas obligaciones financieras, de vigilar cuidadosamente tus gastos y de hacer todo lo posible por evitar una situación en la que pudieras verte obligado a vender.

TRES.
OBTÉN LA INFORMACIÓN CORRECTA

Cuando eres dueño de (o piensas comprar) una propiedad como inversión, hay una serie de cosas realmente importantes que necesitas saber acerca de tu mercado: en qué situación se encuentra el inventario de casas, cuál parece ser la tendencia futura de los precios y cuánto tiempo tarda una casa en venderse. La manera más rápida de obtener esta información es reunirte con un buen agente de bienes raíces que se especialice en tu vecindario. En el Capítulo Ocho aprendiste cómo hacerlo. He aquí algunas preguntas clave que le deberías hacer a ese agente para averiguar qué está pasando en tu mercado de bienes raíces:

Inventario: ¿Cuántas casas como la tuya están a la venta en tu zona? La frase clave aquí es "casas como la tuya". No importa si en tu vecindario hay cincuenta casas a la venta si sólo cinco se parecen a la tuya. Tienes que comparar con el total de casas a la venta, la cantidad de casas a la venta que son semejantes a la tuya en tamaño, fecha de construcción, calidad y estilo. Si una cantidad considerable (digamos, más del 15 ó el 20 por ciento) se parece bastante a la tuya, es posible que te sea difícil conseguir la mejor oferta.

Precios: ¿En cuánto se están vendiendo las casas parecidas a la tuya? Hemos hablado anteriormente de la importancia de obtener los "comparables". Si piensas vender en un futuro cercano, pídele a tu agente de bienes raíces que te informe mensualmente sobre el precio de venta de las casas comparables.

Tiempo a la venta: Cuando una casa se pone a la venta, el agente vendedor lleva la cuenta de los días que se tarda en encontrar un comprador. Tanto a nivel nacional como local, estas cifras se consideran un indicador clave de si el mercado está mejorando o enfriándose. Naturalmente, mientras más tiempo tarde en venderse una propiedad, más frío está el mercado. Por supuesto, éste es solamente un indicador, y a menudo se ve modificado por excepciones —una casa que se vende en un día o dos, y otra que lleva un año sin venderse. Aun así, te hace falta saber lo que sucede en tu zona. ¿Se están vendiendo las casas con rapidez o con lentitud?

> ### CUATRO.
> ### NO COMPRES UNA CASA O UN
> ### CONDOMINIO SÓLO PARA REVENDERLO
> ### ENSEGUIDA.

Este libro se enfoca en las inversiones —en comprar una casa y usarla como la base de tu seguridad financiera. Si compras una propiedad para alquilarla, tiene que poder producir un flujo positivo de dinero. Si crees que eso no se puede lograr, no la compres. E inclusive si confías en que podrás obtener por una propiedad un alquiler lo suficientemente alto como para cubrir sus costos, aun así no deberías comprarla si no tienes en el banco el dinero suficiente para pagar, por lo menos, tres meses de la hipoteca en caso de que te demores un tiempo en encontrar un inquilino.

Lo más importante de todo es que no salgas en medio de un mercado fuerte o en boom a comprarte un condominio nuevo en un edificio nuevo que todavía no ha sido construido, con la esperanza de que podrás revenderlo enseguida para obtener una ganancia rápida y fácil. Puede que te salga el tiro por la culata, sobre todo si compras en medio de un mercado en boom donde se están construyendo torres de condominios en cada cuadra. Al cabo de unos cuantos meses o años, cuando el mercado esté inundado de estos condominios nuevos, y cuando todo el mundo esté esperando para revender el suyo, lo más seguro es que te encuentres en dificultades para salir de él. Y no supongas que si no puedes venderlo, podrás decir felizmente, "Bueno, pues lo alquilo". El mercado de alquiler también cae cuando hay una baja. Cuando llega a haber más condominios que gente para comprarlos, los alquileres bajan. Lo más probable es que no puedas pagar las mensualidades de tu hipoteca. Así que piénsalo bien antes de dar el paso.

Igual que con cualquier otra inversión, quizás el mejor momento para meterse en un mercado en boom es luego de que se haya estabilizado y otras personas estén haciendo todo lo posible por vender.

CINCO.
ENTÉRATE DE QUE CASI SIEMPRE, EL TIEMPO TODO LO CURA

Algo que siempre sucede con los bienes raíces es que, a largo plazo, "el tiempo todo lo cura" —por lo menos en la mayoría de los casos. Esto quiere decir que las zonas que se deprimen, al cabo del tiempo se recuperan. Toda gran ciudad ha pasado por sus períodos sombríos, pero, infaliblemente, se recupera.

En los años setenta, Nueva York era una ciudad atroz. Luego, floreció a principios de los ochenta. Y después se estropeó de nuevo. A principios de los noventa, los precios de los bienes raíces estaban por el suelo. Recuerdo a una amiga mía que en esa época compró allí un condominio totalmente nuevo de tres dormitorios, en la parte alta del East Side, por $180.000. Su papá le prestó el dinero para el pago inicial y le dijo, "Búscate unos amigos para que alquiles los otros dos dormitorios. Dentro de diez años, serás rica".

Todos pensamos que estaba loco. Pues bien, hoy día ese condominio vale mucho más de $2 millones. El mercado de bienes raíces de la ciudad de Nueva York se recuperó con creces. Lo mismo puede decirse de otros mercados por todo el país, desde Miami hasta Houston y San Diego. Los mercados suben, luego caen y después resurgen otra vez.

A fin de cuentas, lo que importa es si tienes los recursos para aguantar el ciclo. Si el período de tiempo con el que cuentas es corto y compraste al final de un ciclo de boom, lo más probable es que te perjudiques. Pero si puedes aguantar sin vender y esperar a que pase el ciclo —digamos, por lo menos siete años, que es el promedio de tiempo que los estadounidenses conservan una casa propia—, no deberías permitir que nada te preocupe, inclusive si parece que la burbuja está a punto de estallar en tu zona.

Recuerda: ser un Millonario Automático Dueño de Casa no se trata de dar con el momento ideal en el mercado. **Se trata del tiempo que permaneces en el mercado.** *Cuando NO intentas hacerte rico rápidamente, es cuando te haces rico poco a poco.*

PASOS DE ACCIÓN PARA EL MILLONARIO AUTOMÁTICO DUEÑO DE CASA

Luego de revisar las acciones que planteamos en este capítulo, he aquí lo que deberías hacer ahora mismo para poner tu plan de bienes raíces "a prueba de falla".

❏ Asegúrate de que puedes costear los pagos mensuales de tu hipoteca.

❏ Averigua cuáles son las propiedades que se están vendiendo (y por cuánto) en tu vecindario.

❏ No trates de obtener una ganancia rápida. Piensa a largo plazo.

❏ Asegúrate de que tienes los recursos necesarios para sobrellevar el ciclo de los bienes raíces.

❏ Visita **www.finishrich.com/homeowner/chaptereleven** para escuchar el audio en inglés gratis de este capítulo.

CAPÍTULO DOCE

PRODUCE UN IMPACTO POSITIVO: AYUDA A QUE ALGUIEN SE CONVIERTA EN DUEÑO DE CASA

Hemos empleado unas cuantas horas en analizar cómo puedes crear una base para de verdad adquirir riqueza como propietario. Convertirte en un *Millonario Automático Dueño de Casa* es algo que ahora está realmente a tu alcance. En efecto, espero que ya hayas comenzado tu recorrido hacia esa meta. Si no, espero que cuando termines de leer este libro te sientas inspirado y hagas que suceda. Pero antes de concluir este encuentro, quiero compartir contigo una idea más —algo adicional que puedes hacer para mejorar tu vida.

LA FELICIDAD COMIENZA AL COMPARTIR

Muchas personas leen mis libros y derivan de ellos inspiración para tratar de lograr más riqueza y sentirse más seguros. No hay dudas que ésa es mi meta, pero a la vez quisiera servir de inspiración para que mis lectores ayuden a otros. Cuando escribí *El Millonario Automático* (el libro que me llevó a éste), terminé con un capítulo titulado "Contribuye automáticamente". En este capítulo se hablaba de la importancia de ayudar a otros y del poder que nos brinda dar automáticamente. Ahí yo exponía la idea de que si compartimos con otros algo de lo que conseguimos para nosotros mismos, podemos crear un mundo mejor.

Yo creo en esto con todo mi corazón. De hecho, la vida está hecha de otras cosas que no son el dinero. Puede que te suene extraño leer esto en un libro que trata de cómo convertirte en millonario con la compra de propiedades. Pero es la verdad. De hecho, no solamente es cierto, sino que también es importante.

No me malentiendas. El dinero es bueno, y quiero sinceramente que logres la riqueza que deseas. Pero el dinero no es lo que va a darle sentido a tu vida.

Lo que le va a dar sentido es contribuir. Para mí, la única razón por la que uno debe aprender a ganar dinero y crear riqueza es, a fin de cuentas, para poder ayudar a otros. Estamos en este mundo para hacer de él un lugar mejor. Y he aquí algo sorprendente. Aunque debes dar por el simple hecho de dar, la realidad es que la abundancia tiende a llegarle a quienes dan. *Mientras más des, más te vuelve. Es el flujo de abundancia el que nos trae más alegría, más amor, más riqueza, y el que le da más sentido a nuestras vidas.*

Después de que se publicó *El Millonario Automático,* un sinfín de lectores me escribieron para decirme que este último capítulo fue el que, a la larga, les inspiró para convertirse en Millonarios Automáticos —que lo que les motivó no fue sólo la idea de tener más, sino la idea de poder dar más.

Les cuento esto porque quiero finalizar este libro de una manera similar —con una lección de cómo puedes dar a otros como Millonario Automático Dueño de Casa. Después de que te conviertas en propietario (o, de hecho, mientras estás en el proceso de serlo), hay una forma extremadamente práctica y efectiva de ayudar a otros a hacer lo mismo —y quiero asegurarme de que sepas cuál es.

UNA EXCELENTE MANERA DE AYUDAR A OTROS A COMPRAR CASA Y FORJAR UN PORVENIR

Si después de haber leído este libro consideras, al igual que yo, que la mejor forma de lograr seguridad económica es como dueño de casa, entonces debes también pensar que una de las mejores maneras de acabar con la pobreza sería encontrar un modo de que incluso aquéllos que no pueden costearla, sean dueños de su propia casa. Se calcula que el número de familias estadounidenses que no pueden comprar una casa decente donde vivir supera a los cinco millones —y eso es sin contar el impacto de los huracanes Katrina y Rita, que desplazaron a más de un millón de residentes de la Costa del Golfo y dañaron o destruyeron cientos de miles de hogares en Louisiana, Mississippi y Alabama en 2005. Ayudar a toda esta gente a encontrar una casa puede parecer una meta imposible, pero no es así. De hecho, hay numerosas organizaciones benéficas que hacen precisamente eso todos los días.

CÓMO PUEDES AYUDAR

Si te atrae la idea de ayudar a otros a tener su propia casa, hay literalmente cientos de organizaciones a las que puedes contribuir con tiempo y dinero. He detallado a continuación seis que son realmente dignas de mención, pero éstas son solamente la punta del iceberg. Haz tu propia búsqueda en sitios web tales como Charity Navigator (**www.charitynavigator.org**) o Guidestar (**www. guidestar.org**), y averigua de algún grupo en tu comunidad que necesite tu ayuda.

Corporation for Supportive Housing

50 Broadway
17th Floor
New York, NY 10004
www.csh.org
1-212-986-2966

La Corporation for Supportive Housing (Corporación para el Apoyo de Casas, o CSH) les brinda orientación profesional y experiencia en desarrollo a comunidades locales, y también les ofrece préstamos y subvenciones con el fin de disminuir el número de personas sin techo mediante casas permanentes y un sistema de apoyo. Todo esto es de esencial necesidad para que muchos desamparados puedan lidiar con sus problemas fundamentales (como discapacidad, abuso de drogas o alcohol y enfermedades mentales). Desde que se fundó en 1991, la CSH ha ayudado a crear cerca de 14.437 unidades de casas de apoyo —y aspira a crear otras 150.000 unidades en los próximos diez años.

Habitat for Humanity International
121 Habitat St.
Americus, GA 31709-3498
www.habitat.org
1-229-924-6935, ext. 2551 ó 2552

Desde 1976, Habitat for Humanity (Casas Para la Humanidad) ha ayudado en la construcción de más de 200.000 casas en más de cien países en todo el mundo —con lo que ha logrado dar amparo a más de un millón de personas en unas 3.000 comunidades a nivel mundial. Su filosofía básica no es de regalar una casa, sino de darles la oportunidad a personas pobres que estén dispuestas a trabajar duro para ganarse el hogar que necesitan y se merecen. En Estados Unidos, Habitat for Humanity fabrica o restaura casas y luego ayuda a familias de bajos ingresos (por lo general, aquéllas cuyos ingresos son del 30 al 50 por ciento por debajo del punto medio de la zona) a comprarlas con préstamos sin interés y pagos iniciales muy modestos, a veces de $500. Pero sólo estar necesitado no es suficiente para que Habitat te considere elegible para obtener una de sus casas. La familia tiene también que contribuir bastante "valor acumulado en sudor", por lo que típicamente aporta de 300 a 500 horas de trabajo para ayudar a construir o a restaurar su propia casa o la de otra persona. Como voluntario, literalmente levantas la armazón y claveteas para ayudar a que una familia pueda algún día dormir bajo su propio techo.

Local Initiatives Support Corporation

501 Seventh Avenue
7th Floor
New York, NY 10018
www.lisc.org
1-212-455-9800

Local Initiatives Support Corporation (Corporación de Ayuda a la Iniciativa Local, o LISC) ayuda a grupos locales a mejorar áreas deprimidas del país mediante el aporte de capital, pericia tecnológica y entrenamiento a Compañías para Desarrollo Comunitario *(Community Development Corporations)*. Un punto clave de la misión de LISC es desarrollar casas a precios asequibles a través de su Centro para Propietarios *(Center for Home-Ownership)*, el Centro de Recursos de la Dirección de Casas *(Housing Authority Resource Center)* y la Iniciativa para la Conservación de Casas Asequibles *(Affordable Housing Preservation Initiative)*.

The Housing Assistance Council

1025 Vermont Ave., NW
Suite 606
Washington, DC 20005
www.ruralhome.org
1-202-842-8600

Al enfatizar las soluciones a nivel local, menos dependencia y la autoayuda, desde 1971, el Housing Assistance Council (Consejo de Asistencia para la Casa, o HAC) ha ayudado a organizaciones locales a construir casas a precios asequibles en áreas rurales. Estimula a las familias de clase trabajadora de bajos ingresos que viven en áreas rurales a que se conviertan en propietarios a través del "valor acumulado en sudor", similar al de Habitat for Humanity, y se concentra en grupos de gran necesidad en comunidades de indígenas estadounidenses, el delta del Mississippi, las colonias que limitan el suroeste del país y la región de los Apalaches.

National Alliance to End Homelessness

1518 K Street NW, Suite 410
Washington, DC 20005
www.endhomelessness.org
1-202-638-1526

La National Alliance to End Homelessness (Alianza Nacional Para Erradicar el Problema de los Desamparados) es una organización sin fines de lucro cuya misión es movilizar los sectores sin fines de lucro, así como los sectores públicos y privados de la sociedad, para formar una alianza que le ponga fin al problema de los desamparados. Su "Plan de Diez Años" para acabar con el problema de las personas que no tienen un techo donde vivir se enfoca en detectar las causas fundamentales del problema y plantear medidas prácticas para resolverlo en los próximos diez años.

Rebuilding Together

1536 Sixteenth Street NW
Washington, DC 20036
www.rebuildingtogether.org
1-800-473-4229

Creada en 1988, Rebuilding Together (Reconstruyamos Juntos) se ocupa de conservar y revitalizar las casas de propietarios de bajos ingresos. En los últimos dieciséis años, alrededor de 2,3 millones de voluntarios de Rebuilding Together han ayudado a rehabilitar 87.450 hogares e instalaciones sin fines de lucro.

AHORA, HAZ QUE SEA AUTOMÁTICO

Si decides contribuir tu valor acumulado en sudor como voluntario de una organización como Habitat for Humanity o Rebuilding Together, bien hecho. Pero si decides hacer una contribución monetaria a una de las organizaciones benéficas que aparecen aquí, decide que lo vas a hacer automáticamente. Muchas organizaciones benéficas animan a las personas a que contribuyan habitualmente con pequeñas donaciones mensuales, a través de transferencias automáticas de fondos.

Ser propietario te permite enriquecerte con la misma propiedad donde duermes. Dar automáticamente te permite ayudar a otros mientras duermes.

¿QUÉ ESTOY HACIENDO PARA AYUDAR A OTROS?

Como considero que es muy importante ayudar a otros a lograr seguridad económica con la compra de propiedades, he destinado $50.000 del producto de la publicación de este libro para donarlos a Habitat for Humanity a través de mi fundación FinishRich. Habitat también recibirá una porción de los derechos de autor por cada ejemplar de este libro que se venda en Estados Unidos en 2006. De modo que si planeas comprar un ejemplar de este libro para un amigo, recuerda que una porción del precio de venta va a ayudar a alguna familia necesitada a comprarse su propio hogar.

ÚNETE A LA GRAN META DEL SUEÑO AMERICANO

La publicación de este libro es sólo el principio de mi misión para ayudar a los inquilinos a convertirse en propietarios. Creo tan firmemente que el secreto para lograr independencia y seguridad económica es ser propietario, que voy a hacer una gira por Estados Unidos tras la publicación de este libro para ofrecer eventos educativos GRATIS como parte de lo que llamamos "*La Gran Meta del Sueño Americano*" (The Great American Homeowner Challenge™). Esta iniciativa se va a concentrar en ayudar a poder comprar una casa a cualquier persona que desee comprarla. En particular, trabajamos para inspirar a diez millones de personas a comprar casa en los próximos diez años.

Espero que este libro te haya inspirado, y que te unas a nosotros en algunos de los eventos. Visita nuestro sitio web (**www.finish rich.com**) para saber cuándo vamos a visitar tu área.

DÍSELO A ALGÚN AMIGO —¡COMPARTE EL SUEÑO!

Espero que cuando termines de leer este libro te sientas inspirado a comprar una propiedad para encauzarte por el camino hacia la independencia financiera. Lo que más ayuda a lograr el éxito con más rapidez es ayudar a otros. Por ello, quisiera que consideraras compartir con un ser querido lo que has aprendido en este libro, sobre todo si esta persona todavía es inquilina. Préstale el libro. Sugiérele que lo saque de la biblioteca. Hazle llegar algunos de los enlaces de mi correo electrónico para que escuche los audios en inglés gratis sobre la compra de propiedades.

Si deseas comprar un ejemplar de este libro para un amigo, magnífico, pero, por favor, recuerda que mi meta no es tan sólo vender más libros. Mi meta es propagar este mensaje. Y la mejor forma en que puedo lograrlo es si tú pones en práctica lo que has aprendido y demuestras que funciona.

Juntos, podemos de verdad mejorar las cosas.

¡TU VIAJE A CASA COMIENZA HOY!

Quiero que sepas que me siento orgulloso de ti por haber llegado tan lejos en este camino. Compraste este libro —¡y lo has leído! Bien hecho. Ahora usa lo que has aprendido para transformar tu vida como tú deseas y hacer que el mundo sea como debe ser.

Escribí este libro como una simple guía llena de ideas sencillas sobre cómo puedes convertirte en un Millonario Automático Dueño de Casa. He tratado de hacerlo tan convincente y orientado a la acción como me ha sido posible, para brindarte ideas, estrategias y pasos de acción creados con el objetivo de que, con la compra de una casa, emprendas el camino hacia la riqueza y la seguridad financiera.

Pero tienes que "ponerte en marcha". Y deberías hacerlo hoy mismo.

Lo que sí sé con seguridad es que, a largo plazo, los precios de los bienes raíces van a aumentar. Quizás no mañana ni el año que viene —pero a largo plazo, sí subirán. Siempre ha sido así.

Aunque el mercado de bienes raíces se enfríe, te prometo que de aquí a veinte años vas a mirar hacia atrás y a pensar, "¡Ah, no puedo creer cuán barata estaba esa propiedad hace veinte años!"

Recuerda esto: **mientras estés vivo, tienes que vivir en alguna parte**. Lo mismo le sucede a toda la gente que conoces. Y por eso, la compra de una propiedad siempre va a ser una gran inversión.

ASÍ QUE AHORA DEPENDE DE TI

Eres una persona increíble. En el fondo, sabes que puedes hacer esto. Así que hazlo.

No permitas que el mercado, las dificultades o los escépticos te impidan alcanzar tus sueños.

Si alquilas y quieres ser dueño de una casa —házlo realidad.

Si eres dueño de una casa y deseas una más grande —házlo realidad.

Si quieres ser dueño de propiedades para alquilar —házlo realidad.

Y si quieres dar de vuelta —¡HAZLO REALIDAD!

La vida es corta. Vívela a plenitud. *Vívela rico.*

AGRADECIMIENTOS

A todo el que ha contribuido con FinishRich Media y conmigo a ayudar a que otras personas acaben ricas, les doy mis más sinceras y humildes ¡GRACIAS!

El Millonario Automático Dueño de Casa es el octavo libro que he escrito para FinishRich Series® durante los últimos ocho años. Actualmente, hay más de cuatro millones de libros FinishRich publicados y traducidos a quince idiomas en más de cuarenta países. Mientras nuestro mensaje se extiende por todo el mundo, tengo que señalar que yo no habría podido hacer esto solo. Se necesita un excelente equipo de magníficas personas para poder tener un impacto positivo —y lo que sigue a continuación es solamente una lista incompleta de las muchas personas que nos han ayudado a ayudar a los demás.

En primer lugar, a mis fieles lectores —es por ustedes que hago lo que hago. Su éxito me da energías a mí y a nuestro equipo de FinishRich Media para despertarnos a diario y ayudarlos a que vivan una vida maravillosa. A aquellos de ustedes que nos han enviado cartas, mensajes electrónicos y notas, que han asistido a nuestros seminarios o a nuestros programas de entrenamiento, y que han ayudado a propagar el mensaje: Gracias, gracias, gracias. Seguiremos trabajando duro para responder a todas sus preguntas y brindarles lo que necesitan para vivir y acabar ricos.

A mi equipo de FinishRich Media, que cada día crece más, gracias por poner tanto esfuerzo en difundir nuestra misión. A Nicola Zahn, Unity Stoakes, Stephanie Oakes, Liz Dougherty, Susan Zimmerman, Andy DiSimone, Gabriella Weiser —ustedes hacen que ir a trabajar sea divertido. A Nicola Zhan —¿qué puedo decirte? Has viajado conmigo a más de sesenta ciudades en menos de un año, ¡y todavía me sonríes! Gracias por mantener la cordura en mi vida, mis proyectos organizados y mi buen humor. Pocas veces en mi vida ha sido tan maravilloso trabajar con alguien como he trabajado contigo, y todos los días siento que es una bendición que hayas llegado a mi vida.

A mi equipo aparte de FinishRich Media, ¡gracias!

A Allan Meyer —ya hemos hecho seis libros juntos. Éste ha sido uno de los más difíciles, y sin embargo tú lograste que pareciera fácil. Eres de lo mejor que hay y es fantástico trabajar contigo. Tus sugerencias y arreglos, y en general toda tu orientación para darle forma a este libro (sobre todo las 10.000 palabras que eliminaste) lo convirtieron en lo que es. Gracias —realmente considero que nuestra asociación es de primera.

A Jan Miller y Shannon Miser Marvin —gracias por lo que ya se ha convertido en casi una década de representarme en las buenas y en las malas en el mundo editorial. Su guía ha sido incalculable. Todas sus promesas se han hecho realidad. Señoras, las admiro y las quiero a ambas.

A Stephen Breimer —¡qué año hemos tenido! Gracias por decir "no" cuando yo quería decir "sí", y por protegerme en todos mis negocios. Eres de lo mejor que hay en el campo de las leyes, y de lo mejor que hay como persona. ¡Gracias!

A mi equipo de Doubleday Broadway Group —los quiero, amigos. La mayoría de los autores pasan de editorial en editorial. Yo he estado con ustedes desde 1997 y me siento agradecido por ello. Ustedes han trabajado con gran empeño en el desarrollo de mi serie y en proteger su calidad y su integridad. A Kris Puopolo —eres la editora ideal, ¡y yo lo sé! Todos los días hablo de lo buena que eres, porque sé que tus opiniones son inapreciables, brillantes y correctas. Gracias por dedicarte realmente a mis libros e interesarte en ellos, en su cometido y en su mensaje. Eres mi mejor lectora y debido a eso nuestros lectores son muy afortunados. Al

Presidente de Doubleday, Stephen Rubin —me siento dichoso de que tengamos una relación franca y honesta. Tú haces que publicar un libro sea una tarea agradable. A David Drake —caramba, ocho libros y seguimos contando. ¡Quién habría creído que se pudiera tener el mismo publicista durante toda una década! Eres, sencillamente, increíble. Éste será el libro más importante que habremos hecho. Al equipo de ventas y publicaciones de Doubleday Broadway Group —Michael Palgon, Janelle Moburg, Janet Cooke y tantos más—, el trabajo de ustedes es lo que hace posible que todo suceda. A Catherine Pollack y Judy Jacoby, gracias por su brillante orientación acerca del mercadeo y la publicidad. A Jean Traina, gracias por hacer esta fantástica cubierta y por pacientemente prestar atención a todas mis sugerencias y cambios. ¡Me encanta el resultado!

A mi familia y amigos —les pido excusas oficialmente. Les pido perdón por haber estado tan atareado que raras veces he podido verlos, ¡pero espero que sepan que los quiero! Gracias por seguir llamándome, enviándome mensajes electrónicos, por acompañarme en mis viajes, y por visitarme en Nueva York. Los extraño más de lo que se imaginan. A Mamá y Papá (Bobbi y Marty Bach), los mejores padres del mundo —¡ustedes son fantásticos! Ningún hijo podría haber sido más afortunado. A mi hermanita Emily —¡te quiero!

A nuestros patrocinadores de *The Great American Homeowner Challenge*MR —sobre todo Wells Fargo Home Mortage, que vino a verme primero y dijo, "Queremos ayudarte a que llegues a diez millones de personas" —¡GRACIAS! Unas "gracias" especiales a Nancy Brennan, Cara Heiden y Lisa Zakrajsek por haber llevado la antorcha hasta la "línea de arranque". Nuestra misión en 2006 es lograr que millones de personas adquieran poder sobre sus vidas, y me siento sumamente entusiasmado de que trabajaremos juntos.

A nuestro equipo en Yahoo —gracias por nuestra asociación en la columna de *El Millonario Automático*. Qué maravilloso es compartir nuestro mensaje con el mundo entero cada dos semanas a través de su plataforma.

A mi esposa, Michelle, y a mi hijo de dos años, Jack —¡los amo tanto! Jack, te prometo que tu papá te llevará al parque este año. Michelle, de veras lo siento. Te prometí que al cabo de un año de gira pasaría el verano contigo en la playa para descansar, pero en vez de eso pasé gran parte del tiempo en la biblioteca mientras escribía este libro. Gracias por tu comprensión. Te prometo pasar *este* verano contigo en la playa y no en la biblioteca escribiendo el libro número nueve.

Finalmente, a USTEDES que leen este libro —si bien no nos hemos conocido personalmente, siento que los conozco, y les agradezco que estén interesados en mi mensaje de esperanza y prosperidad, y en mi cometido de tener un impacto positivo. Estoy muy agradecido de que me brindaran esta oportunidad de ser su entrenador, y espero que nos conozcamos personalmente algún día a lo largo del camino.

Vive rico,
David Bach
Nueva York
Noviembre de 2005

Amortizar/Amortización *(Amortize/Amortization):* La amortización es la forma como se paga o redime un préstamo en un período de tiempo o plazo determinado. Indica qué cantidad se aplicará a pagar el capital y qué cantidad de intereses a lo largo del plazo de la hipoteca.

Agente de bienes raíces *(Real Estate Agent):* Profesional especializado en un mercado de bienes raíces que está licenciado para negociar la compraventa de propiedades. Este agente te guía durante todos los pasos involucrados en el proceso de compra, desde la búsqueda de casa hasta el cierre.

Agente hipotecario *(Mortgage Broker):* También conocido como "corredor" hipotecario, este agente no presta dinero propio, sino que es un intermediario que conecta a los compradores con los bancos, y viceversa. Generalmente trabaja con muchos bancos hipotecarios, y te ayuda a obtener un préstamo entre una amplia gama de opciones.

Apalancamiento financiero *(Leverage):* Es el empleo de dinero prestado para incrementar el poder adquisitivo y obtener mayores rendimientos de la inversión realizada en una propiedad de bienes raíces.

Aprobación previa *(Preapproval):* ver *Pre-aprobación*

Apreciación/Depreciación *(Appreciation/Depreciation):* "Apreciación" es el incremento del valor de una propiedad, tanto por mejoría de sus condiciones físicas como por condiciones favorables del mercado particular en que se encuentra. Al proceso contrario, cuando una propiedad disminuye su valor, se le llama "depreciación".

Avalúo *(Appraisal):* También conocido como tasación, es un informe realizado por una persona calificada o tasador, en el que éste presenta un estimado del valor de la propiedad. Este término también se refiere al proceso mediante el cual se obtiene este estimado.

Banquero hipotecario *(Mortgage Banker):* Este agente trabaja con frecuencia en un banco u otra institución de préstamos y presta dinero propio o de la institución para la que trabaja, y tiene licencia para hacer préstamos directos al cliente.

Calificación de crédito *(Credit Score):* Análisis de tu historial de crédito que realizan los prestamistas o las agencias de reporte de crédito, cuyo resultado se expresa en la forma de una puntuación numérica, o *credit score* en inglés.

Calificación FICO *(FICO Score):* Es una calificación numérica, creada por la compañía Fair Isaac and Company, que se otorga a los historiales de crédito de los consumidores tomando en cuenta factores como sus comportamientos de pago y créditos obtenidos, y que indica el nivel de riesgo o solvencia de una persona para obtener un préstamo.

Cargo de iniciación *(Origination Fee):* Cargo que te impone la compañia hipotecaria hipotecario por el servicio de procesarte el crédito. Comúnmente este cargo se realiza en la forma de "puntos", donde un punto equivale al 1 por ciento del monto del préstamo.

Carta de compromiso *(Commitment Letter):* Carta oficial hecha por un prestador en la que éste indica las condiciones bajo las cuales acepta prestarte dinero.

Cierre o **cierre de transacción** *(Closing):* La culminación de una transacción de una casa. El cierre incluye la entrega del título o escritura de la propiedad, ajustes financieros, firma de pagarés y documentos y el desembolso de los fondos necesarios para concluir la transacción de compraventa y del préstamo.

Comisión *(Commission):* Compensación que te cobra un agente de bienes raíces o un ágente hipotecario por el servicio que te presta, generalmente en la forma de un porcentaje del precio de la propiedad, o del monto de la hipoteca.

Compañía hipotecaria: Es la institución que concede un préstamo hipotecario.

Condiciones del préstamo *(Loan Conditions):* Estas son las condiciones bajo las cuales el prestador acepta hacerte un préstamo. Incluyen la tasa de interés que se aplicará y si ésta será fija o variable, el plazo de pago del préstamo y cualquier otro requisito que se exija antes de ir al cierre.

Costos de cierre *(Closing Costs):* Gastos que incurres tú como comprador (o el vendedor en ciertos casos) por la transferencia de la propiedad y que se pagan en el momento del cierre de la compraventa. Entre ellos se incluyen la cuota por originar el préstamo, los puntos de descuento, el avalúo, el informe de crédito, el seguro del título, los honorarios de abogados, el levantamiento de planos y las partidas de gastos por adelantado.

Crédito *(Credit):* Es un archivo o "historial de crédito" que llevan continuamente las agencias de reporte de crédito sobre todos los créditos y préstamos que has obtenido, y donde se registra desde los nombres y direcciones que has tenido hasta las cuentas que has dejado de pagar, los balances que tienes, cuánto se te ha prestado o si te has declarado alguna vez en bancarrota. En resumen, toda la información relevante acerca de ti como consumidor y pagador de tus responsabilidades financieras.

Cuenta del mercado monetario *(Money Market Account):* Es un tipo de cuenta que se abre en instituciones financieras, en la que el dinero depositado se coloca en fondos de inversión de instrumentos de deuda, como los bonos. Estas cuentas ofrecen tasas de interés más altas que las cuentas de ahorro bancarias tradicionales.

Deducción fiscal *(Tax Deduction):* Concepto fiscal que permite que ciertos gastos aprobados por el Servicio de Rentas Internas (IRS) u otra autoridad fiscal reduzcan la cantidad total de impuestos a pagar por el contribuyente. Las deducciones se le restan al monto de los ingresos sobre los cuales se deben pagar impuestos (ingreso bruto ajustado). Los intereses pagados en la hipoteca pueden ser deducibles de impuestos federales, de modo que si tienes que pagar impuestos sobre ingresos de, digamos, $40.000, pero has pagado $5.000 ese año en intereses hipotecarios, puedes deducir (restar) esta cantidad y reducir tus ingresos imponibles a $35.000.

Declaración de Cierre de Transacción HUD-1 *(HUD-1 Settlement Statement):* Formulario estándar regulado por el Departamento de Vivienda y Desarrollo Urbano (HUD) en el que se desglosan en detalle todos los costos al momento del cierre de la compraventa. Esta declaración debe entregarse al comprador antes o durante la operación de cierre.

Embargos hipotecarios *(Foreclosures):* Procedimiento legal mediante el cual, cuando un prestatario deja de pagar sus mensualidades, pierde la propiedad de la casa y la compañía hipotecaria la pone en venta forzada, generalmente en subasta pública, para liquidar la deuda que se le debe.

Estimado de buena fe *(Good Faith Estimate):* Documento requerido por la Ley de Procedimientos para el Cierre de Bienes Raíces (RESPA) donde, tras solicitar un préstamo, la compañía hipotecaria debe darte una lista de costos estimados de todos los conceptos por los que deberás pagar durante o antes del cierre de la compraventa. También se le conoce como acuerdo de costos *(settlement costs).*

Factor Latte *(The Latte Factor®):* Un concepto creado por mí que explica cómo las cosas aparentemente insignificantes en las que gastamos dinero (como los café *lattes,* los panecillos, etc.) al final pueden costarnos una fortuna, o hacernos ricos si aprendemos a eliminarlas y a pagarnos a nosotros mismos primero.

FDIC *(Federal Deposit Insurance Corporation):* Agencia gubernamental estadounidense que asegura hasta $100.000 depositados por los consumidores en sus cuentas de banco, en la eventualidad de que la institución bancaria quiebre o no pueda cumplir sus compromisos. No todos los tipos de cuentas están asegurados por la FDIC.

Financiamiento alternativo (*Alternative Financing*): Programa de financiamiento de casa para prestatarios con condiciones desventajosas para calificar para un préstamo, como cuando por ejemplo se tiene un historial de crédito deficiente.

Ganancia de capital (*Capital Gains*): Es la ganancia que se obtiene de la venta de cualquier bien o capital personal (casa, muebles, títulos de inversión, propiedades, etc.). Por ejemplo, si compras una casa por $100.000 y la vendes después a $150.000, la ganancia de capital sería de $50.000. Estas ganancias son consideradas ingresos y se paga impuestos sobre ellas.

Garantía de la tasa de interés (*Rate Lock*): Acuerdo entre el prestatario y la compañía hipotecaria en el que ésta se compromete a mantener una tasa de interés determinada durante un período específico. Esto generalmente se usa durante el proceso de compra para garantizar que las condiciones del préstamo ofrecido no varíen hasta el momento del cierre.

Gastos por adelantado (*Prepaids*): Ciertos costos que se pagan el día de cierre de la compraventa y que no se incluyen en el financiamiento. Por ejemplo, los depósitos iniciales para el pago de impuestos y seguros de la propiedad.

Hipoteca (*Mortgage*): Es un préstamo que se obtiene —normalmente de un banco o de otra institución financiera, pero a veces del mismo vendedor— diseñado especialmente para la compra de una casa u otro tipo de bienes raíces, y respaldado en garantía por la propiedad que estás comprando.

Hipoteca de interés fijo (*Fixed-Rate Mortgage*): Tipo de hipoteca donde se mantiene la misma tasa de interés durante todo el plazo de vigencia del préstamo.

Hipoteca de interés ajustable o **variable** (*Adjustable-Rate Mort-*

gage, o ARM, por sus siglas en inglés): Tipo de hipoteca donde la tasa de interés varía o se ajusta de acuerdo con el movimiento de la tasa de interés de un índice de referencia en el mercado. En estos préstamos, la tasa puede subir al igual que bajar.

Hipoteca de sólo interés *(Interest-only Mortgage):* Tipo de hipoteca en la que durante los primeros años (cinco, diez o hasta quince, dependiendo del acuerdo) del plazo del préstamo, el comprador paga únicamente intereses, después de lo cual comienza a pagar el capital de la propiedad. Facilita el pago de mensualidades más bajas, pero por otro lado el comprador no acumula ningún capital o valor sobre su propiedad durante esos primeros años.

Historial de crédito *(Credit History):* Informe en el que se detalla la historia de créditos otorgados y comportamiento de pago de los consumidores en Estados Unidos.

Índice *(Index):* Es una tasa de interés publicada por una institución o grupo financiero, que se utiliza como referencia o punto de partida para establecer las tasas de interés para la hipoteca que se le otorga al consumidor final, generalmente agregando varios puntos porcentuales a la tasa de referencia del índice dado. Por ejemplo, muchos prestamistas hipotecarios utilizan como referencia el Índice COFI (siglas de *Cost Of Found Index*) para establecer las tasas de interés que otorgan a los compradores de casa.

Inspección de casa *(House Inspection):* Evaluación a fondo de las condiciones físicas interiores y exteriores de una propiedad, que se detallan en un informe producido por un inspector especializado. Esta inspección es fundamental para obtener un criterio profesional sobre la propiedad y prevenir potenciales problemas que no se detectan a simple vista. Los problemas detectados en la inspección pueden ser utilizados como elementos de negociación con el vendedor para reducir el precio de la propiedad, o para exigir que se hagan reparaciones antes del cierre.

Inspección del título *(Title Inspection):* Procedimiento que realizan compañías especializadas en el aseguramiento de títulos *(Title Companies),* en el que se investiga el historial del título de una propiedad, su legitimidad, y se detectan potenciales errores, disputas o inconsistencias legales que puedan afectar el título de la propiedad.

Línea de crédito *(Line of Credit):* Tipo de préstamo en el cual un banco o institución financiera pone a disposición de un consumidor o negocio una cantidad de dinero específica por un cierto período de tiempo.

Margen o **Margen de rendimiento** *(Margin):* Es la diferencia entre la tasa del índice de referencia (ver concepto de Índice en este glosario) utilizado por la compañia hipotecaria, y la tasa de interés más alta que éste le cobra al comprador en una hipoteca de interés ajustable (ARM).

Oferta *(Offer):* Propuesta formal de precio de compra que le haces al vendedor de la propiedad que quieres comprar, o su representante, que generalmente es un agente de bienes raíces. La oferta puede conducir a contraofertas en el proceso de negociación.

Pago inicial *(Down Payment):* También conocido como entrada, cuota inicial o enganche en algunos países, es la parte del precio de una casa que no se financia en la hipoteca, sino que la paga el comprador directamente al momento del cierre. Generalmente el pago inicial es de entre 3 y 20 por ciento del precio de la casa, aunque existen programas hipotecarios que aceptan 0 por ciento de pago inicial.

Pre-aprobación *(Preapproval):* Compromiso escrito por un prestamista que, de acuerdo con la tasación de una propiedad y las condiciones financieras del comprador, establece la cantidad máxima de dinero que la compañía hipotecaria está dispuesta a prestarle al comprador, y por lo tanto le permite a éste saber qué tanto dinero puede pagar por una casa.

Prestatario: La persona que adquiere un préstamo, es decir, tú como comprador que pagas la casa con la obtención de un préstamo hipotecario.

Puntos *(Points):* Un punto equivale al 1 por ciento del monto total de un préstamo hipotecario (por ejemplo, un punto de una hipoteca de $100.000 equivale a $1.000). Los puntos se aplican en una hipoteca de dos formas: como cargo de iniciación (ver "cargo de iniciación") impuesto por el prestador para aumentar el rendimiento del préstamo, o como "puntos de descuento" o pago que hace el comprador para reducir la tasa de interés de un préstamo.

Préstamos combinados *(Hybrid Loans):* Préstamos hipotecarios que combinan dos tipos de préstamos; uno con tasa de interés fija, generalmente por los primeros tres, cinco, siete o diez años, y uno con tasa de interés variable después de terminado ese período.

Principal *(Principal)* – Un préstamo está compuesto por el principal y los intereses. El principal es la cantidad que tomas prestada, y los intereses son la parte que cobra la compañía hipotecaria por haberte prestado su dinero. En los pagos de mensualidades que hace el comprador, una parte se destina a reducir el principal debido, y otra al pago de intereses.

Refinanciar *(Refinance):* Proceso por el cual se obtiene una hipoteca nueva con una tasa de interés más baja para pagar tu hipoteca actual.

Relación deuda-ingreso *(Debt-To-Income Ratio):* Fórmula que usan los prestatarios para determinar la cantidad del préstamo para el cual puedes calificar como comprador, que toma en cuenta la proporción entre tus deudas y tus ingresos. También se conoce como *back-end ratio* en inglés.

Relación préstamo-valor *(Loan-To-Value, o LTV, por sus siglas en inglés):* La cantidad de un préstamo hipotecario dividido por el precio de venta o valor de la casa. Por ejemplo, para una casa de

$100.000, si el comprador hace un pago inicial de $15.000 (15 por ciento) y la compañía hipotecaria financia el restante 85 por ciento, el LTV es 85.

Rendimiento sobre la inversión *(Return On Investment):* Porcentaje de ganancia de capital que se obtiene sobre una inversión. Por ejemplo, si inviertes $100.000 en una propiedad, y un año más tarde ésta vale $150.000, el rendimiento sobre la inversión equivale a la utilidad ($50.000) dividida entre la inversión inicial ($100.000), o sea, 50 por ciento.

Reservas para los pagos del préstamo *(Loan Payment Reserves):* Es un requisito que exigen muchos programas de préstamos, que consiste en que debes tener, como comprador, ahorros suficientes para cubrir los costos de cierre y pago inicial, además del equivalente a dos meses de pagos de mensualidades de la hipoteca.

Seguro privado de hipoteca *(Private Mortagage Insurance):* Conocido también como PMI o MI, este seguro es necesario por lo general cuando el comprador hace un pago inicial de menos del 20 por ciento del precio de venta de la propiedad. Aunque es pagado por el comprador, se trata de un seguro que protege al prestamista para cubrir costos de una ejecución hipotecaria, si fuera necesaria.

Seguro de propietario *(Homeowner's Insurance/Hazard Insurance):* Conocido también como "Seguro contra siniestras", esta es una póliza de seguro de bienes raíces que te exige la compañía hipotecaria para proteger la propiedad contra pérdidas debidas a incendio, algunas causas naturales, vandalismo, etc. También puede incluir cobertura de responsabilidad personal y hurto fuera de la casa.

Seguro de título *(Title Insurance):* Es una póliza de seguro que te protege como comprador contra pérdidas relacionadas con potenciales errores o litigios que puedan aparecer sobre el título de la propiedad después de la compra. Estas pólizas las otorgan compañías de título tras investigar el historial y estatus de legitimidad de dicho título.

Tasa de porcentaje anual (*Annual Percentage Rate, o APR, por sus siglas en inglés*): Tasa de porcentaje anual que expresa el cargo total de financiar un préstamo durante todo su plazo. La APR incluye la tasa de interés, gastos, puntos y seguro hipotecario, por lo que permite tener una medida más completa del costo de un préstamo que la tasa de interés por sí sola. La tasa de interés de un préstamo, no su APR, se usa para calcular el pago mensual de principal e intereses.

Tasa flotante (*Floating Rate*): Cuando un comprador solicita un préstamo hipotecario, tiene la opción de pedir una "garantía de tasa de interés" (ver definición) sobre la oferta del préstamo, o de dejar que la tasa de interés fluctúe hasta tomar la decisión de "congelar" o garantizar una tasa antes del momento del cierre.

Tasa de interés (*Interest Rate*): Porcentaje que cobra la compañía hipotecaria por prestarte su dinero, y que se aplica sobre el monto del principal del préstamo durante todo el plazo de la hipoteca. También es el porcentaje de interés que te paga un banco por tener tu dinero depositado en ciertos tipos de cuentas bancarias.

Tasa de Interés del Departamento de Tesorería (*Treasury Rate*): Es un índice (ver definición) que se establece con base en la curva de rendimiento diario de los instrumentos financieros (*securities*) de la Tesorería de los Estados Unidos. Es uno de los índices de referencia más empleados por los prestamistas hipotecarios para determinar las tasas de interés que aplican a las hipotecas.

Tío Sam (*Uncle Sam*): Un personaje emblemático que representa a los Estados Unidos. Cuando se refiere al Tío Sam, se alude al gobierno de los Estados Unidos.

Título de propiedad *(Title):* También conocido como escritura en algunos países, es el documento que atestigua la propiedad de un bien.

Transferencia automática de fondos *(Automatic Funds Transfer):* Procedimiento por el cual puedes ordenarle a tu banco que transfiera automáticamente, digamos cada mes o cada dos semanas, cierta cantidad de dinero de tu cuenta bancaria hacia otra cuenta, que puede ser de ahorro, de la hipoteca, o del préstamo del auto, entre otras posibles. Permite automatizar tus pagos sistemáticamente, y la mayoría de los bancos modernos facilitan ordenar este procedimiento a través de sus portales de Internet.

Valor acumulado *(Equity):* El valor acumulado de tu casa es básicamente la parte del valor de tu casa que te pertenece a ti. Cuando obtienes una hipoteca, vas pagando paulatinamente con tus mensualidades el principal (además de los intereses). El valor acumulado que posees es la parte del principal de la casa que ya has pagado, además del pago inicial, si hiciste alguno.

Valor neto *(Net Worth):* Es el valor total de todos los bienes que posees, como tu casa, auto, muebles, objetos valiosos, dinero, inversiones, etc., menos el monto de todas tus deudas. El valor neto que posee una persona es un criterio ampliamente utilizado por los prestamistas para determinar la situación financiera de un potencial prestatario.

ÍNDICE DE TÉRMINOS